CHECHENO
VOCABULÁRIO

PORTUGUÊS BRASILEIRO

PORTUGUÊS CHECHENO

Para alargar o seu léxico e apurar
as suas competências linguísticas

7000 palavras

Vocabulário Português Brasileiro-Checheno - 7000 palavras
Por Andrey Taranov

Os vocabulários da T&P Books destinam-se a ajudar a aprender, a memorizar, e a rever palavras estrangeiras. O dicionário é dividido em temas, cobrindo todas as principais esferas de atividades quotidianas, negócios, ciência, cultura, etc.

O processo de aprendizagem, utilizando os dicionários baseados em temáticas da T&P Books dá-lhe as seguintes vantagens:

- Informação de origem corretamente agrupada predetermina o sucesso em fases subsequentes da memorização de palavras
- Disponibilização de palavras derivadas da mesma raiz, o que permite a memorização de unidades de texto (em vez de palavras separadas)
- Pequenas unidades de palavras facilitam o processo de estabelecimento de vínculos associativos necessários para a consolidação do vocabulário
- O nível de conhecimento da língua pode ser estimado pelo número de palavras aprendidas

Copyright © 2019 T&P Books Publishing

Todos os direitos reservados. Nenhuma parte desta publicação pode ser reproduzida, total ou parcialmente, por quaisquer métodos ou processos, sejam eles eletrônicos, mecânicos, de fotocópia ou outros, sem a autorização escrita do editor. Esta publicação não pode ser divulgada, copiada ou distribuída em nenhum formato.

T&P Books Publishing
www.tpbooks.com

ISBN: 978-1-78767-351-9

Este livro também está disponível em formato E-book.
Por favor visite www.tpbooks.com ou as principais livrarias on-line.

VOCABULÁRIO CHECHENO
palavras mais úteis

Os vocabulários da T&P Books destinam-se a ajudar a aprender, a memorizar, e a rever palavras estrangeiras. O vocabulário contém mais de 7000 palavras de uso comum organizadas tematicamente.

O vocabulário contém as palavras mais comummente usadas
Recomendado como adicional para qualquer curso de línguas
Satisfaz as necessidades dos iniciados e dos alunos avançados de línguas estrangeiras
Conveniente para o uso diário, sessões de revisão e atividades de auto-teste
Permite avaliar o seu vocabulário

Características especias do vocabulário

- As palavras estão organizadas de acordo com o seu significado, e não por ordem alfabética
- As palavras são apresentadas em três colunas para facilitar os processos de revisão e auto-teste
- As palavras compostas são divididas em pequenos blocos para facilitar o processo de aprendizagem
- O vocabulário oferece uma transcrição simples e adequada de cada palavra estrangeira

O vocabulário contém 198 tópicos incluindo:

Conceitos básicos, Números, Cores, Meses, Estações do ano, Unidades de medida, Roupas & Acessórios, Alimentos & Nutrição, Restaurante, Membros da Família, Parentes, Caráter, Sentimentos, Emoções, Doenças, Cidade, Passeios, Compras, Dinheiro, Casa, Lar, Escritório, Trabalho no Escritório, Importação & Exportação, Marketing, Pesquisa de Emprego, Esportes, Educação, Computador, Internet, Ferramentas, Natureza, Países, Nacionalidades e muito mais ...

TABELA DE CONTEÚDOS

Guia de pronunciação	10
Abreviaturas	12

CONCEITOS BÁSICOS	13
Conceitos básicos. Parte 1	13
1. Pronomes	13
2. Cumprimentos. Saudações. Despedidas	13
3. Números cardinais. Parte 1	14
4. Números cardinais. Parte 2	15
5. Números. Frações	15
6. Números. Operações básicas	16
7. Números. Diversos	16
8. Os verbos mais importantes. Parte 1	16
9. Os verbos mais importantes. Parte 2	17
10. Os verbos mais importantes. Parte 3	18
11. Os verbos mais importantes. Parte 4	19
12. Cores	20
13. Questões	21
14. Palavras funcionais. Advérbios. Parte 1	21
15. Palavras funcionais. Advérbios. Parte 2	23

Conceitos básicos. Parte 2	25
16. Opostos	25
17. Dias da semana	27
18. Horas. Dia e noite	27
19. Meses. Estações	28
20. Tempo. Diversos	29
21. Linhas e formas	30
22. Unidades de medida	31
23. Recipientes	32
24. Materiais	33
25. Metais	34

O SER HUMANO	35
O ser humano. O corpo	35
26. Humanos. Conceitos básicos	35
27. Anatomia humana	35

28. Cabeça	36
29. Corpo humano	37

Vestuário & Acessórios 38

30. Roupa exterior. Casacos	38
31. Vestuário de homem & mulher	38
32. Vestuário. Roupa interior	39
33. Adereços de cabeça	39
34. Calçado	39
35. Têxtil. Tecidos	40
36. Acessórios pessoais	40
37. Vestuário. Diversos	41
38. Cuidados pessoais. Cosméticos	41
39. Joalheria	42
40. Relógios de pulso. Relógios	43

Alimentação. Nutrição 44

41. Comida	44
42. Bebidas	45
43. Vegetais	46
44. Frutos. Nozes	47
45. Pão. Bolaria	48
46. Pratos cozinhados	48
47. Especiarias	49
48. Refeições	50
49. Por a mesa	50
50. Restaurante	51

Família, parentes e amigos 52

51. Informação pessoal. Formulários	52
52. Membros da família. Parentes	52
53. Amigos. Colegas de trabalho	53
54. Homem. Mulher	54
55. Idade	54
56. Crianças	55
57. Casais. Vida de família	55

Caráter. Sentimentos. Emoções 57

58. Sentimentos. Emoções	57
59. Caráter. Personalidade	58
60. O sono. Sonhos	59
61. Humor. Riso. Alegria	60
62. Discussão, conversação. Parte 1	60
63. Discussão, conversação. Parte 2	61
64. Discussão, conversação. Parte 3	63
65. Acordo. Recusa	63
66. Sucesso. Boa sorte. Insucesso	64
67. Conflitos. Emoções negativas	64

Medicina	67
68. Doenças	67
69. Sintomas. Tratamentos. Parte 1	68
70. Sintomas. Tratamentos. Parte 2	69
71. Sintomas. Tratamentos. Parte 3	70
72. Médicos	71
73. Medicina. Drogas. Acessórios	71
74. Fumar. Produtos tabágicos	72

HABITAT HUMANO	73
Cidade	73
75. Cidade. Vida na cidade	73
76. Instituições urbanas	74
77. Transportes urbanos	75
78. Turismo	76
79. Compras	77
80. Dinheiro	78
81. Correios. Serviço postal	79

Moradia. Casa. Lar	80
82. Casa. Habitação	80
83. Casa. Entrada. Elevador	81
84. Casa. Portas. Fechaduras	81
85. Casa de campo	82
86. Castelo. Palácio	82
87. Apartamento	83
88. Apartamento. Limpeza	83
89. Mobiliário. Interior	83
90. Quarto de dormir	84
91. Cozinha	84
92. Casa de banho	85
93. Eletrodomésticos	86
94. Reparações. Renovação	87
95. Canalizações	87
96. Fogo. Deflagração	88

ATIVIDADES HUMANAS	90
Emprego. Negócios. Parte 1	90
97. Banca	90
98. Telefone. Conversação telefônica	91
99. Telefone móvel	91
100. Estacionário	92

Emprego. Negócios. Parte 2	93
101. Media	93
102. Agricultura	94

103. Construção. Processo de construção 95

Profissões e ocupações 97

104. Procura de emprego. Demissão 97
105. Gente de negócios 97
106. Profissões de serviços 98
107. Profissões militares e postos 99
108. Oficiais. Padres 100
109. Profissões agrícolas 100
110. Profissões artísticas 101
111. Várias profissões 101
112. Ocupações. Estatuto social 103

Desportos 104

113. Tipos de desportos. Desportistas 104
114. Tipos de desportos. Diversos 105
115. Ginásio 105
116. Desportos. Diversos 106

Educação 108

117. Escola 108
118. Colégio. Universidade 109
119. Ciências. Disciplinas 109
120. Sistema de escrita. Ortografia 110
121. Línguas estrangeiras 111
122. Personagens de contos de fadas 112
123. Signos do Zodíaco 113

Artes 114

124. Teatro 114
125. Cinema 115
126. Pintura 116
127. Literatura & Poesia 117
128. Circo 117
129. Música. Música popular 118

Descanso. Entretenimento. Viagens 120

130. Viagens 120
131. Hotel 120
132. Livros. Leitura 121
133. Caça. Pesca 123
134. Jogos. Bilhar 124
135. Jogos. Jogar cartas 124
136. Descanso. Jogos. Diversos 124
137. Fotografia 125
138. Praia. Natação 126

EQUIPAMENTO TÉCNICO. TRANSPORTES	128
Equipamento técnico. Transportes	128

139.	Computador	128
140.	Internet. E-mail	129

Transportes	130

141.	Avião	130
142.	Comboio	131
143.	Barco	132
144.	Aeroporto	133
145.	Bicicleta. Motocicleta	134

Carros	135

146.	Tipos de carros	135
147.	Carros. Carroçaria	135
148.	Carros. Habitáculo	136
149.	Carros. Motor	137
150.	Carros. Batidas. Reparação	138
151.	Carros. Estrada	139

PESSOAS. EVENTOS	141
Eventos	141

152.	Férias. Evento	141
153.	Funerais. Enterro	142
154.	Guerra. Soldados	142
155.	Guerra. Ações militares. Parte 1	144
156.	Armas	145
157.	Povos da antiguidade	146
158.	Idade média	147
159.	Líder. Chefe. Autoridades	148
160.	Violação da lei. Criminosos. Parte 1	149
161.	Violação da lei. Criminosos. Parte 2	150
162.	Polícia. Lei. Parte 1	152
163.	Polícia. Lei. Parte 2	153

NATUREZA	155
A Terra. Parte 1	155

164.	Espaço sideral	155
165.	A Terra	156
166.	Pontos cardeais	157
167.	Mar. Oceano	157
168.	Montanhas	158
169.	Rios	159
170.	Floresta	160
171.	Recursos naturais	161

A Terra. Parte 2   162

172. Tempo   162
173. Tempo extremo. Catástrofes naturais   163

Fauna   164

174. Mamíferos. Predadores   164
175. Animais selvagens   164
176. Animais domésticos   165
177. Cães. Raças de cães   166
178. Sons produzidos pelos animais   167
179. Pássaros   167
180. Pássaros. Canto e sons   168
181. Peixes. Animais marinhos   169
182. Anfíbios. Répteis   170
183. Insetos   170
184. Animais. Partes do corpo   171
185. Animais. Habitats   171

Flora   173

186. Árvores   173
187. Arbustos   173
188. Cogumelos   174
189. Frutos. Bagas   174
190. Flores. Plantas   175
191. Cereais, grãos   176

GEOGRAFIA REGIONAL   177
Países. Nacionalidades   177

192. Política. Governo. Parte 1   177
193. Política. Governo. Parte 2   178
194. Países. Diversos   179
195. Grupos religiosos mais importantes. Confissões   180
196. Religiões. Padres   181
197. Fé. Cristianismo. Islão   181

TEMAS DIVERSOS   184

198. Várias palavras úteis   184

GUIA DE PRONUNCIAÇÃO

Letra	Exemplo Checheno	Alfabeto fonético T&P	Exemplo Português
А а	самадала	[ɑ:]	rapaz
Аь аь	аьртадала	[æ:], [æ]	primavera
Б б	биллиард	[b]	barril
В в	ловзо кехат	[v]	fava
Г г	горгал	[g]	gosto
ГІ гІ	жиргІа	[ɣ]	agora
Д д	дІаала	[d]	dentista
Е е	кевнахо	[e], [ɛ]	mover
Ё ё	боксёр	[jɔ:], [ɜ:]	ioga
Ж ж	мужалтах	[ʒ]	talvez
З з	ловза	[z]	sésamo
И и	сирла	[i], [i]	sinônimo
Й й	лийча	[j]	Vietnã
К к	секунд	[k]	aquilo
Кх кх	кхиорхо	[q]	teckel
Къ къ	юккъе	[q]	[q] tensionada
КІ кІ	кІайн	[k]	[k] tensionada
Л л	лаьстиг	[l]	libra
М м	Марша Іайла	[m]	magnólia
Н н	Хьанна?	[n]	natureza
О о	модельхо	[o], [ɔ]	noite
Оь оь	пхоьлгІа	[ø]	orgulhoso
П п	пхийтта	[p]	presente
ПІ пІ	пІераска	[p]	[p] tensionada
Р р	борзанан	[r]	riscar
С с	сандалеш	[s]	sanita
Т т	туьйдарг	[t]	tulipa
ТІ тІ	тІормиг	[t]	[t] tensionada
У у	тукар	[u:]	blusa
Уь уь	уьш	[y]	questionar
Ф ф	футбол	[f]	safári
Х х	хьехархо	[h]	[h] suave
Хь хь	дагахь	[h], [x]	[h] suave
ХІ хІ	хІордахо	[h]	[h] aspirada
Ц ц	мацахлера	[ts]	tsé-tsé
ЦІ цІ	цІубдар	[ts]	tsé-tsé
Ч ч	лечкъо	[tʃ]	Tchau!
ЧІ чІ	чІогІа	[tɕ]	[tch] tensionado
Ш ш	шахматаш	[ʃ]	mês
Щ щ	цергийг щётка	[ɕ]	shiatsu
ъ	къонза	[ʰ]	sinal forte

Letra	Exemplo Checheno	Alfabeto fonético T&P	Exemplo Português
Ы ы	лыжаш хехка	[ı]	sinônimo
Ь	доьзал	[ʲ]	sinal suave
Э э	эшар	[e]	metal
Ю ю	юхадала	[y]	questionar
Юь юь	юьхьенца	[ju], [ju:]	nacional
Я я	цӏанъян	[jɑ]	Himalaias
Яь яь	яьшка	[jæ]	folheto
Ӏ ӏ	Ӏамо	[ə]	milagre

ABREVIATURAS
usadas no vocabulário

Abreviaturas do Português

adj	-	adjetivo
adv	-	advérbio
anim.	-	animado
conj.	-	conjunção
desp.	-	esporte
etc.	-	Etcetera
ex.	-	por exemplo
f	-	nome feminino
f pl	-	feminino plural
fem.	-	feminino
inanim.	-	inanimado
m	-	nome masculino
m pl	-	masculino plural
m, f	-	masculino, feminino
masc.	-	masculino
mat.	-	matemática
mil.	-	militar
pl	-	plural
prep.	-	preposição
pron.	-	pronome
sb.	-	sobre
sing.	-	singular
v aux	-	verbo auxiliar
vi	-	verbo intransitivo
vi, vt	-	verbo intransitivo, transitivo
vr	-	verbo reflexivo
vt	-	verbo transitivo

CONCEITOS BÁSICOS

Conceitos básicos. Parte 1

1. Pronomes

eu	со	[sɔ]
você	хьо	[hɔ]
ele, ela	иза	[ɪz]
nós	вай	[vaj]
vocês	шу	[ʃu]
eles, elas	уьш	[ʉʃ]

2. Cumprimentos. Saudações. Despedidas

Oi!	Маршалла ду хьоьга!	[marʃall du høg]
Olá!	Маршалла ду шуьга!	[marʃall du ʃʉg]
Bom dia!	Iуьйре дика хуьлда!	[ˈujre dɪk hʉld]
Boa tarde!	Де дика хуьлда!	[de dɪk hʉld]
Boa noite!	Суьйре дика хуьлда!	[sʉjre dɪk hʉld]
cumprimentar (vt)	салам дала	[salam dal]
Oi!	Маршалла ду хьоьга!	[marʃall du høg]
saudação (f)	маршалла, маршалла хаттар	[marʃall], [marʃall hattar]
saudar (vt)	маршалла хатта	[marʃall hatt]
Tudo bem?	Муха ду гIуллакхш?	[muha du ɣullaqʃ]
E aí, novidades?	ХIун ду керла?	[h'un du kerl]
Tchau! Até logo!	Марша Iайла!	[marʃ ˈajl]
Até breve!	Iодика хуьлда!	[ˈɔdɪk hʉljd]
Adeus! (sing.)	Iодика йойла хьа!	[ˈɔdɪk jojl ha]
Adeus! (pl)	Iодика йойла шунна!	[ˈɔdɪk jojl ʃunn]
despedir-se (dizer adeus)	Iодика ян	[ˈɔdɪk jan]
Até mais!	Iодика йойла!	[ˈɔdɪk jojl]
Obrigado! -a!	Баркалла!	[barkall]
Muito obrigado! -a!	Доакхха баркалла!	[dɔakq barkall]
De nada	ХIума дац!	[h'um dats]
Não tem de quê	ХIума дац!	[h'um dats]
Não foi nada!	ХIума дац!	[h'um dats]
Desculpa!	Бехк ма билл!	[behk ma bɪll]
Desculpe!	Бехк ма биллалаш!	[behk ma bɪllalaʃ]
desculpar (vt)	бехк ца билла	[behk tsa bɪll]
desculpar-se (vr)	бехк цабиллар деха	[behk tsabɪllar deh]

13

Me desculpe	Суна бехк ма биллалаш!	[sun behk m bɪllalaʃ]
Desculpe!	Бехк ма биллаш!	[behk ma bɪllaʃ]
perdoar (vt)	бехк цабиллар	[behk tsabɪllar]

Não se esqueça!	Диц ма ло!	[dɪts ma lɔ]
Com certeza!	Дера!	[der]
Claro que não!	Дера дац!	[der dats]
Está bem! De acordo!	Реза ву!	[rez vu]
Chega!	Тоьур ду!	[tøur du]

3. Números cardinais. Parte 1

zero	ноль	[nɔlj]
um	цхьаъ	[tshaʔ]
dois	шиъ	[ʃɪʔ]
três	кхоъ	[qɔʔ]
quatro	диъ	[dɪʔ]
cinco	пхиъ	[phɪʔ]
seis	ялх	[jalh]
sete	ворхl	[vɔrh']
oito	бархl	[barh']
nove	исс	[ɪss]
dez	итт	[ɪtt]
onze	цхьайтта	[tshajtt]
doze	шийтта	[ʃɪ:tt]
treze	кхойтта	[qɔjtt]
catorze	дейтта	[dejtt]
quinze	пхийтта	[phɪ:tt]
dezesseis	ялхитта	[jalhɪtt]
dezessete	вуьрхlитта	[vʉrh'ɪtt]
dezoito	берхlитта	[berh'ɪtt]
dezenove	ткъесна	[tqʔesn]
vinte	ткъа	[tqʔa]
vinte e um	ткъе цхьаъ	[tqʔe tshaʔ]
vinte e dois	ткъе шиъ	[tqʔe ʃɪ]
vinte e três	ткъе кхоъ	[tqʔe qɔ]
trinta	ткъе итт	[tqʔe ɪtt]
trinta e um	ткхе цхьайтта	[tqe tshajtt]
trinta e dois	ткъе шийтта	[tqʔe ʃɪ:tt]
trinta e três	ткъе кхойтта	[tqʔe qɔjtt]
quarenta	шовзткъа	[ʃɔvztqʔ]
quarenta e um	шовзткъе цхьаъ	[ʃɔvztqʔe tshaʔ]
quarenta e dois	шовзткъе шиъ	[ʃɔvztqʔe ʃɪ]
quarenta e três	шовзткъе кхоъ	[ʃɔvztqʔe qɔ]
cinquenta	шовзткъе итт	[ʃɔvztqʔe ɪtt]
cinquenta e um	шовзткъе цхьайтта	[ʃɔvztqʔe tshajtt]
cinquenta e dois	шовзткъе шийтта	[ʃɔvztqʔe ʃɪ:tt]

cinquenta e três	шовзткъе кхойтта	[ʃɔvztq?e qɔjtt]
sessenta	кхузткъа	[quztq?]
sessenta e um	кхузткъе цхьаъ	[quztq?e tsha?]
sessenta e dois	кхузткъе шиъ	[quztq?e ʃɪ?]
sessenta e três	кхузткъе кхоъ	[quztq?e qɔ?]
setenta	кхузткъа итт	[quztq? ɪtt]
setenta e um	кхузткъе цхьайтта	[quztq?e tshajtt]
setenta e dois	кхузткъе шийтта	[quztq?e ʃɪːtt]
setenta e três	кхузткъе кхойтта	[quztq?e qɔjtt]
oitenta	дезткъа	[deztq?]
oitenta e um	дезткъе цхьаъ	[deztq?e tsha?]
oitenta e dois	дезткъе шиъ	[deztq?e ʃɪ]
oitenta e três	дезткъе кхоъ	[deztq?e qɔ]
noventa	дезткъа итт	[deztq? ɪtt]
noventa e um	дезткъе цхьайтта	[deztq?e tshajtt]
noventa e dois	дезткъе шийтта	[deztq?e ʃɪːtt]
noventa e três	дезткъе кхойтта	[deztq?e qɔjtt]

4. Números cardinais. Parte 2

cem	бle	[b'e]
duzentos	ши бle	[ʃɪ b'e]
trezentos	кхо бle	[qɔ b'e]
quatrocentos	диъ бle	[dɪ? b'e]
quinhentos	пхи бle	[phɪ b'e]
seiscentos	ялх бle	[jalh b'e]
setecentos	ворхl бle	[vɔrh' b'e]
oitocentos	бархl бle	[barh' b'e]
novecentos	исс бle	[ɪss b'e]
mil	эзар	[ɛzar]
dois mil	ши эзар	[ʃɪ ɛzar]
três mil	кхо эзар	[qɔ ɛzar]
dez mil	итт эзар	[ɪtt ɛzar]
cem mil	бle эзар	[b'e 'ɛzar]
um milhão	миллион	[mɪllɪɔn]
um bilhão	миллиард	[mɪllɪard]

5. Números. Frações

fração (f)	дакъалла	[daq?all]
um meio	шоалгlачун цхьаъ	[ʃoalɣatʃun tsha?]
um terço	кхоалгlачун цхьаъ	[qoalɣatʃun tsha?]
um quarto	доьалгlачун цхьаъ	[dø'alɣatʃun tsha?]
um oitavo	бархlалгlачун цхьаъ	[barh'alɣtʃun tsha?]
um décimo	итталгlачун цхьаъ	[ɪttalɣatʃun tsha?]
dois terços	кхоалгlачун шиъ	[qoalɣatʃun ʃɪ?]
três quartos	доьалгlачун кхоъ	[dø'alɣatʃun qɔ?]

6. Números. Operações básicas

subtração (f)	тIерадаккхар	[t'eradakqar]
subtrair (vi, vt)	тIерадаккха	[t'eradakq]
divisão (f)	декъар	[deq?ar]
dividir (vt)	декъа	[deq?]
adição (f)	вовшахтохар	[vɔvʃahtɔhar]
somar (vt)	вовшахтоха	[vɔvʃahtɔh]
adicionar (vt)	тIетоха	[t'etɔh]
multiplicação (f)	эцар	[ɛtsar]
multiplicar (vt)	эца	[ɛts]

7. Números. Diversos

algarismo, dígito (m)	цифра	[tsıfr]
número (m)	терахь	[terah]
numeral (m)	терахьдош	[terahdɔʃ]
menos (m)	минус	[mınus]
mais (m)	тIетоха	[t'etɔh]
fórmula (f)	формула	[fɔrmul]
cálculo (m)	ларар	[larar]
contar (vt)	лара	[lar]
calcular (vt)	лара	[lar]
comparar (vt)	дуста	[dust]
Quanto?	Мел?	[mel]
Quantos? -as?	Маса?	[mas]
soma (f)	жаmI	[ʒam']
resultado (m)	хилам	[hılam]
resto (m)	бухадиснарг	[buhadısnarg]
alguns, algumas ...	масех	[maseh]
pouco (~ tempo)	кIезиг	[k'ezıg]
resto (m)	бухадиснарг	[buhadısnarg]
um e meio	цхьаъ ах	[tsha? 'ah]
dúzia (f)	цIов	[ts'ɔv]
ao meio	шин декъе	[ʃın deq?e]
em partes iguais	цхьабосса	[tshabɔss]
metade (f)	ах	[ah]
vez (f)	цкъа	[tsq?a]

8. Os verbos mais importantes. Parte 1

abrir (vt)	схьаделла	[shadell]
acabar, terminar (vt)	чекхдаккха	[tʃeqdakq]
aconselhar (vt)	хьехам бан	[heham ban]
adivinhar (vt)	хаа	[ha'a]

advertir (vt)	діахьедан	[d'ahedan]
ajudar (vt)	гІо дан	[ɣɔ dan]
almoçar (vi)	делкъана хІума яа	[delqʔan h'um ja'a]
alugar (~ um apartamento)	лаца	[laʦ]
amar (pessoa)	деза	[dez]
ameaçar (vt)	кхерам тийса	[qeram tɪːs]
anotar (escrever)	діаяздан	[d'ajazdan]
apressar-se (vr)	сихдала	[sɪhdal]
arrepender-se (vr)	дагахьбаллам хила	[dagahballam hɪl]
assinar (vt)	куьг таІо	[kʉg ta'ɔ]
brincar (vi)	забарш ян	[zabarʃ jan]
brincar, jogar (vi, vt)	ловза	[lɔvz]
buscar (vt)	леха	[leh]
caçar (vi)	талла эха	[tall ɛh]
cair (vi)	охьаэга	[ɔhaeg]
cavar (vt)	ахка	[ahk]
chamar (~ por socorro)	кхайкха	[qajq]
chegar (vi)	дан	[dan]
chorar (vi)	делха	[delh]
começar (vt)	доло	[dɔlɔ]
comparar (vt)	дуста	[dust]
concordar (dizer "sim")	реза хила	[rez hɪl]
confiar (vt)	теша	[teʃ]
confundir (equivocar-se)	тило	[tɪlɔ]
conhecer (vt)	довза	[dɔvz]
contar (fazer contas)	лара	[lar]
contar com …	дагахь хила	[dagah hɪl]
continuar (vt)	дахдан	[dahdan]
controlar (vt)	тІехьажа	[t'ehaʒ]
convidar (vt)	схьакхайкха	[shaqajq]
correr (vi)	дада	[dad]
criar (vt)	кхолла	[qɔll]
custar (vt)	деха	[deh]

9. Os verbos mais importantes. Parte 2

dar (vt)	дала	[dal]
dar uma dica	къедо	[qʔedɔ]
decorar (enfeitar)	хаздан	[hazdan]
defender (vt)	лардан	[lardan]
deixar cair (vt)	охьаэго	[ɔhaegɔ]
descer (para baixo)	охьадан	[ɔhadan]
desculpar-se (vr)	бехк цабиллар деха	[behk tsabɪllar deh]
dirigir (~ uma empresa)	куьйгалла дан	[kʉjgallz dan]
discutir (notícias, etc.)	дийцаре дилла	[diːtsare dɪll]
disparar, atirar (vi)	кхийса	[qɪːs]
dizer (vt)	ала	[al]

duvidar (vt)	шекьхила	[ʃəkʲhɪl]
encontrar (achar)	каро	[karɔ]
enganar (vt)	Iехо	['eho]
entender (vt)	кхета	[qet]
entrar (na sala, etc.)	чудахар	[tʃudahar]
enviar (uma carta)	дIадахьийта	[d'adahɪːt]
errar (enganar-se)	гIалатдала	[ɣalatdal]
escolher (vt)	харжар	[harʒar]
esconder (vt)	дIадилла	[d'adɪll]
escrever (vt)	яздан	[jazdan]
esperar (aguardar)	хьежа	[heʒ]
esperar (ter esperança)	догдаха	[dɔgdah]
esquecer (vt)	дицдала	[dɪtsdal]
estudar (vt)	Iамо	['amɔ]
exigir (vt)	тIедожо	[t'edɔʒɔ]
existir (vi)	хила	[hɪl]
explicar (vt)	кхето	[qetɔ]
falar (vi)	мотт бийца	[mɔtt biːts]
faltar (a la escuela, etc.)	юкъахдита	[juqʔahdɪt]
fazer (vt)	дан	[dan]
ficar em silêncio	къамел ца дан	[qʔamel ts dan]
gabar-se (vr)	куралла ян	[kurall jan]
gostar (apreciar)	хазахета	[hazahet]
gritar (vi)	мохь бетта	[mɔh bett]
guardar (fotos, etc.)	лардан	[lardan]
informar (vt)	информаци ян, хаам бан	[ɪnfɔrmatsɪ jan], [haʔam ban]
insistir (vi)	тIера ца вала	[t'er tsa val]
insultar (vt)	сий дайа	[sɪː daj]
interessar-se (vr)	довза лаа	[dɔvz laʔa]
ir (a pé)	даха	[dah]
ir nadar	лийча	[lɪːtʃ]
jantar (vi)	пхьор дан	[phɔr dan]

10. Os verbos mais importantes. Parte 3

ler (vt)	еша	[eʃ]
libertar, liberar (vt)	мукъадаккха	[muqʔadakq]
matar (vt)	ден	[den]
mencionar (vt)	хьахо	[haho]
mostrar (vt)	гайта	[gajt]
mudar (modificar)	хийца	[hɪːts]
nadar (vi)	нека дан	[nek dan]
negar-se a ... (vr)	дуьхьал хила	[dʉhal hɪl]
objetar (vt)	дуьхьал хила	[dʉhal hɪl]
observar (vt)	тергам бан	[tergam ban]
ordenar (mil.)	омра дан	[ɔmr dan]

ouvir (vt)	хаза	[haz]
pagar (vt)	ахча дала	[ahtʃ dal]
parar (vi)	саца	[sats]
parar, cessar (vt)	дlацацо	[d'asatsɔ]
participar (vi)	дакъа лаца	[daqʔ lats]
pedir (comida, etc.)	заказ ян	[zakaz jan]
pedir (um favor, etc.)	деха	[deh]
pegar (tomar)	схьаэца	[shaets]
pegar (uma bola)	леца	[lets]
pensar (vi, vt)	ойла ян	[ɔjl jan]
perceber (ver)	ган	[gan]
perdoar (vt)	геч дан	[getʃ dan]
perguntar (vt)	хатта	[hatt]
permitir (vt)	магийта	[magɪːt]
pertencer a … (vi)	хила	[hɪl]
planejar (vt)	план хlотто	[plan h'ɔttɔ]
poder (~ fazer algo)	мага	[mag]
possuir (uma casa, etc.)	хила	[hɪl]
preferir (vt)	гlоли хета	[ɣɔlɪ het]
preparar (vt)	кечдан	[ketʃdan]
prever (vt)	хиндерг хаа	[hɪnderg ha'a]
prometer (vt)	валда дан	[va'd dan]
pronunciar (vt)	ала	[al]
propor (vt)	хьахо	[haho]
punir (castigar)	таlзар дан	[ta'zar dan]
quebrar (vt)	кегдан	[kegdan]
queixar-se de …	латкъа	[latqʔ]
querer (desejar)	лаа	[la'a]

11. Os verbos mais importantes. Parte 4

ralhar, repreender (vt)	дов дан	[dɔv dan]
recomendar (vt)	мага дан	[mag dan]
repetir (dizer outra vez)	юхаала	[juha'al]
reservar (~ um quarto)	резервировать ян	[rezerwɪrɔvatʲ jan]
responder (vt)	жоп дала	[ʒɔp dal]
rezar, orar (vi)	ламаз дан	[lamaz dan]
rir (vi)	дела	[del]
roubar (vt)	лечкъо	[letʃqʔɔ]
saber (vt)	хаа	[ha'a]
sair (~ de casa)	арадалар	[aradalar]
salvar (resgatar)	кlелхьардаккха	[k'elhardakq]
seguir (~ alguém)	тlаьхьадаха	[t'æhadah]
sentar-se (vr)	охьахаа	[ɔhaha'a]
ser necessário	оьшуш хила	[øʃuʃ hɪl]
ser, estar	хила	[hɪl]
significar (vt)	маьlна хила	[mæ'n hɪl]

sorrir (vi)	дела къежа	[del q?eʒ]
subestimar (vt)	ма-дарра ца лара	[ma darr tsa lar]
surpreender-se (vr)	цецдала	[tsetsdal]
tentar (~ fazer)	хьажа	[haʒ]
ter (vt)	хила	[hɪl]
ter fome	хӏума яаа лаа	[h'um ja'a la'a]
ter medo	кхера	[qer]
ter sede	мала лаа	[mal la'a]
tocar (com as mãos)	куьг тоха	[kʉg tɔh]
tomar café da manhã	марта даа	[mart da'a]
trabalhar (vi)	болх бан	[bɔlh ban]
traduzir (vt)	талмажалла дан	[talmaʒall dan]
unir (vt)	цхьанатоха	[tshænatɔh]
vender (vt)	дохка	[dɔhk]
ver (vt)	ган	[gan]
virar (~ para a direita)	дӏадерза	[d'aderz]
voar (vi)	лела	[lel]

12. Cores

cor (f)	бос	[bɔs]
tom (m)	амат	[amat]
tonalidade (m)	бос	[bɔs]
arco-íris (m)	стелаӏад	[stela'ad]
branco (adj)	кӏайн	[k'ajn]
preto (adj)	ӏаьржа	['ærʒ]
cinza (adj)	сира	[sɪr]
verde (adj)	баьццара	[bætsar]
amarelo (adj)	можа	[mɔʒ]
vermelho (adj)	цӏен	[ts'en]
azul (adj)	сийна	[sɪːn]
azul claro (adj)	сийна	[sɪːn]
rosa (adj)	сирла-цӏен	[sɪrl ts'en]
laranja (adj)	цӏехо-можа	[ts'eho mɔʒ]
violeta (adj)	цӏехо-сийна	[ts'eho sɪːn]
marrom (adj)	боьмаша	[bømaʃ]
dourado (adj)	дашо	[daʃo]
prateado (adj)	детиха	[detɪh]
bege (adj)	бежеви	[beʒewɪ]
creme (adj)	беда-можа	[bed mɔʒ]
turquesa (adj)	бирюзан бос	[bɪrʉzan bɔs]
vermelho cereja (adj)	баьллийн бос	[bællɪːn bɔs]
lilás (adj)	сирла-сийна	[sɪrl sɪːn]
carmim (adj)	камарийн бос	[kamarɪːn bɔs]
claro (adj)	сирла	[sɪrl]
escuro (adj)	ӏаьржа	['ærʒ]

vivo (adj)	къегина	[qʔegɪn]
de cor	бесара	[besar]
a cores	бос болу	[bɔs bɔlu]
preto e branco (adj)	кӏайн-ӏаьржа	[kʼajn ˈærʒ]
unicolor (de uma só cor)	цхьана бесара	[tshan besar]
multicolor (adj)	бес-бесара	[bes besar]

13. Questões

Quem?	Мила?	[mɪl]
O que?	Хӏун?	[hʼun]
Onde?	Мичахь?	[mɪtʃah]
Para onde?	Мича?	[mɪtʃ]
De onde?	Мичара?	[mɪtʃar]
Quando?	Маца?	[mats]
Para quê?	Стенна?	[stenn]
Por quê?	Хӏунда?	[hʼund]
Para quê?	Стенан?	[stenan]
Como?	Муха?	[muha]
Qual (~ é o problema?)	Муьлха?	[mulha]
Qual (~ deles?)	Масалгӏа?	[masalɣ]
A quem?	Хьанна?	[hann]
De quem?	Хьанах лаьцна?	[hanah lætsn]
Do quê?	Стенах лаьцна?	[stenah lætsn]
Com quem?	Хьаьнца?	[hænts]
Quantos? -as?	Маса?	[mas]
Quanto?	Мел?	[mel]
De quem? (masc.)	Хьенан?	[henan]

14. Palavras funcionais. Advérbios. Parte 1

Onde?	Мичахь?	[mɪtʃah]
aqui	хьоккхузахь	[hɔkquzah]
lá, ali	цигахь	[tsɪgah]
em algum lugar	цхьанхьа-м	[tshanha m]
em lugar nenhum	цхьаннахьа а	[tshannah a]
perto de ...	уллехь	[ulleh]
perto da janela	кора уллехь	[kɔr ulleh]
Para onde?	Мича?	[mɪtʃ]
aqui	кхузахь	[quzah]
para lá	цига	[tsɪg]
daqui	хӏокхузара	[hʼɔkquzar]
de lá, dali	цигара	[tsɪgar]
perto	герга	[gerg]
longe	гена	[gen]

perto de ...	улло	[ullɔ]
à mão, perto	юххе	[juhe]
não fica longe	гена доцу	[gen dɔtsu]

esquerdo (adj)	аьрру	[ærru]
à esquerda	аьрру аґорхьара	[ærru aɣɔrhar]
para a esquerda	аьрру аґор	[ærru aɣɔr]

direito (adj)	аьтту	[ættu]
à direita	аьтту аґорхьара	[ættu aɣɔrhar]
para a direita	аьтту аґор	[ættu aɣɔr]

em frente	хьалха	[halh]
da frente	хьалхара	[halhar]
adiante (para a frente)	хьалха	[halh]

atrás de ...	тIехьа	[t'eh]
de trás	тIаьхьа	[t'æh]
para trás	юхо	[juho]

| meio (m), metade (f) | юкъ | [juqʔ] |
| no meio | юккъе | [jukqʔe] |

do lado	аґор	['aɣɔr]
em todo lugar	массанхьа	[massanh]
por todos os lados	гонаха	[gɔnah]

de dentro	чухула	[tʃuhul]
para algum lugar	цхьанхьа	[tshanh]
diretamente	нийсса дIа	[nɪːss d'a]
de volta	юха	[juh]

| de algum lugar | миччара а | [mɪtʃar a] |
| de algum lugar | цхьанхьара | [tshanhar] |

em primeiro lugar	цкъа-делахь	[tsqʔa delah]
em segundo lugar	шолгIа-делахь	[ʃolɣ delah]
em terceiro lugar	кхоалгIа-делахь	[qoalɣ delah]

de repente	цIеххьана	[tsʼehan]
no início	юьхьенца	[juhents]
pela primeira vez	дуьххьара	[dʉhar]
muito antes de ...	хьалххе	[halhe]
de novo	юха	[juh]
para sempre	гуттаренна	[guttarenn]

nunca	цкъа а	[tsqʔa 'a]
de novo	кхин цкъа а	[qɪn tsqʔ]
agora	хIинца	[h'ɪnts]
frequentemente	кест-кеста	[kest kest]
então	хIетахь	[h'etah]
urgentemente	чехка	[tʃehk]
normalmente	нехан санна	[nehan sann]

| a propósito, ... | шен метта | [ʃən mett] |
| é possível | тарлун ду | [tarlun du] |

provavelmente	хила мегаш хила	[hɪl megaʃ hɪl]
talvez	хила мега	[hɪl meg]
além disso, ...	цул совнаха, ...	[tsul sɔvnaha]
por isso ...	цундела	[tsundel]
apesar de ...	делахь а ...	[delah a ...]
graças a ...	бахьана долуш ...	[bahan dɔluʃ]

que (pron.)	хӀун	[h'un]
que (conj.)	а	['a]
algo	цхьаъ-м	[tshaʔ m]
alguma coisa	цхьа хӀума	[tsha hum]
nada	хӀумма а дац	[h'umm a dats]

quem	мила	[mɪl]
alguém (~ que ...)	цхьаъ	[tshaʔ]
alguém (com ~)	цхьаъ	[tshaʔ]

ninguém	цхьа а	[tsha a]
para lugar nenhum	цхьанхха а	[tshanh a]
de ninguém	цхьаьннан а	[tshænnan a]
de alguém	цхьаьннан	[tshænnan]

tão	иштта	[ɪʃtt]
também (gostaria ~ de ...)	санна	[sann]
também (~ eu)	а	['a]

15. Palavras funcionais. Advérbios. Parte 2

Por quê?	ХӀунда?	[h'und]
por alguma razão	цхьанна-м	[tshanna m]
porque ...	цундела	[tsundel]
por qualquer razão	цхьана хӀуманна	[tshan humann]

e (tu ~ eu)	а-а	[ə- ə]
ou (ser ~ não ser)	я	[ja]
mas (porém)	амма	[amm]

muito, demais	дукха	[duq]
só, somente	бен	[ben]
exatamente	нийсса	[nɪːss]
cerca de (~ 10 kg)	герга	[gerg]

aproximadamente	герггарчу хьесапехь	[gerggartʃu hesapeh]
aproximado (adj)	герггарчу хьесапера	[gerggartʃu hesaper]
quase	гергга	[gergg]
resto (m)	бухадиснарг	[buhadɪsnarg]

cada (adj)	хӀор	[h'ɔr]
qualquer (adj)	муьлхха а	[mɨlha]
muito, muitos, muitas	дукха	[duq]
muitas pessoas	дуккха а	[dukq a]
todos	дерриг	[derrɪg]
em troca de ...	цхьана ... хийцина	[tshan hɪːtsɪn]
em troca	метта	[mett]

à mão	куьйга	[kɥjg]
pouco provável	те	[te]
provavelmente	схьахетарехь	[shahetareh]
de propósito	хуъушехь	[hyʔuʃəh]
por acidente	ларамаза	[laramɑz]
muito	чIоарIа	[t͡ʃʼɔˈaɣ]
por exemplo	масала	[masal]
entre	юккъехь	[jukqʔeh]
entre (no meio de)	юккъехь	[jukqʔeh]
especialmente	къасттина	[qʔasttɪn]

Conceitos básicos. Parte 2

16. Opostos

rico (adj)	хьал долу	[hal dɔlu]
pobre (adj)	къен	[qʔen]
doente (adj)	цомгуш	[ʦɔmguʃ]
bem (adj)	могуш	[mɔguʃ]
grande (adj)	доккха	[dɔkq]
pequeno (adj)	жима	[ʒɪm]
rapidamente	сиха	[sɪh]
lentamente	меллаша	[mellaʃ]
rápido (adj)	маса	[mas]
lento (adj)	меллаша	[mellaʃ]
alegre (adj)	самукъане	[samuqʔane]
triste (adj)	гlайгlане	[ɣajɣane]
juntos (ir ~)	цхьана	[ʦhan]
separadamente	къастина	[qʔastɪn]
em voz alta (ler ~)	хезаш	[hezaʃ]
para si (em silêncio)	ша-шена	[ʃa ʃen]
alto (adj)	лекха	[leq]
baixo (adj)	лоха	[lɔh]
profundo (adj)	кlоарга	[kʼɔarg]
raso (adj)	гомха	[gɔmh]
sim	хьаъ	[haʔ]
não	хlан-хlа	[hʼan hʼa]
distante (adj)	генара	[genar]
próximo (adj)	герггара	[gerggar]
longe	гена	[gen]
à mão, perto	юххехь	[juheh]
longo (adj)	деха	[deh]
curto (adj)	доца	[dɔʦ]
bom (bondoso)	дика	[dɪk]
mal (adj)	вон	[vɔn]
casado (adj)	зуда ялийна	[zud jalɪːn]

Português	Checheno	Pronúncia
solteiro (adj)	зуд ялоза	[zud jalɔz]
proibir (vt)	дехка	[dehk]
permitir (vt)	магийта	[magɪːt]
fim (m)	чаккхе	[tʃakqe]
início (m)	юьхь	[juh]
esquerdo (adj)	аьрру	[ærru]
direito (adj)	аьтту	[ættu]
primeiro (adj)	хьалхара	[halhar]
último (adj)	тӀаьххьара	[tʼæhar]
crime (m)	зулам	[zulam]
castigo (m)	таӀзар	[taʼzar]
ordenar (vt)	буьйр дан	[bʉjr dan]
obedecer (vt)	муьтӀахь хила	[mʉtʼah hɪl]
reto (adj)	нийса	[nɪːs]
curvo (adj)	гона	[gɔn]
paraíso (m)	ялсамани	[jalsamanɪ]
inferno (m)	жоьжахати	[ʒøʒahatɪ]
nascer (vi)	хила	[hɪl]
morrer (vi)	дала	[dal]
forte (adj)	нуьцкъала	[nʉtsqʔal]
fraco, débil (adj)	гӀийла	[ɣɪːl]
velho, idoso (adj)	къена	[qʔen]
jovem (adj)	къона	[qʔɔn]
velho (adj)	тиша	[tɪʃ]
novo (adj)	цӀина	[tsʼɪn]
duro (adj)	чӀоарла	[tʃʼɔʼaɣ]
macio (adj)	кӀеда	[kʼed]
quente (adj)	мела	[mel]
frio (adj)	шийла	[ʃɪːl]
gordo (adj)	стомма	[stɔmm]
magro (adj)	оза	[ɔz]
estreito (adj)	готта	[gɔtt]
largo (adj)	шуьйра	[ʃʉjr]
bom (adj)	дика	[dɪk]
mau (adj)	вон	[vɔn]
valente, corajoso (adj)	майра	[majr]
covarde (adj)	осала	[ɔsal]

17. Dias da semana

segunda-feira (f)	оршот	[ɔrʃɔt]
terça-feira (f)	шинара	[ʃɪnɑr]
quarta-feira (f)	кхаара	[qɑˈɑr]
quinta-feira (f)	еара	[eɑr]
sexta-feira (f)	пlераска	[pˈerɑsk]
sábado (m)	шот	[ʃɔt]
domingo (m)	кlиранде	[kˈɪrɑnde]

hoje	тахана	[tɑhɑn]
amanhã	кхана	[qɑn]
depois de amanhã	лама	[lɑm]
ontem	селхана	[selhɑn]
anteontem	стомара	[stɔmɑr]

dia (m)	де	[de]
dia (m) de trabalho	белхан де	[belhɑn de]
feriado (m)	деза де	[dez de]
dia (m) de folga	мукъа де	[muqʔ de]
fim (m) de semana	мукъа денош	[muqʔ denɔʃ]

o dia todo	деррига де	[derrɪg de]
no dia seguinte	шолгlачу дийнахь	[ʃɔlɣɑtʃu dɪːnɑh]
há dois dias	ши де хьалха	[ʃɪ de hɑlh]
na véspera	де хьалха	[de hɑlh]
diário (adj)	хlор денна хуьлу	[hˈɔr denn hʉlu]
todos os dias	хlор денна хуьлу	[hˈɔr denn hʉlu]

semana (f)	кlира	[kˈɪr]
na semana passada	дlадаханчу кlирнахь	[dˈɑdɑhɑntʃu kˈɪrnɑh]
semana que vem	тlедогlучу кlирнахь	[tˈedɔɣutʃu kˈɪrnɑh]
semanal (adj)	хlор кlиранан	[hˈɔr kˈɪrɑnɑn]
toda semana	хlор кlирна	[hˈɔr kˈɪrn]
duas vezes por semana	кlирнахь шозза	[kˈɪrnɑh ʃɔzz]
toda terça-feira	хlор шинара	[hˈɔr ʃɪnɑr]

18. Horas. Dia e noite

manhã (f)	lуьйре	[ˈʉjre]
de manhã	lуьйранна	[ˈʉjrɑnn]
meio-dia (m)	делкъе	[delqʔe]
à tarde	делкъан тlаьхьа	[delqʔɑn tˈæh]

tardinha (f)	суьйре	[sʉjre]
à tardinha	сарахь	[sɑrɑh]
noite (f)	буьса	[bʉs]
à noite	буса	[bʉs]
meia-noite (f)	буьйсанан юкъ	[bʉjsɑnɑn juqʔ]

segundo (m)	секунд	[sekund]
minuto (m)	минот	[mɪnɔt]
hora (f)	сахьт	[sɑht]

meia hora (f)	ахсахьт	[ahsaht]
quarto (m) de hora	сахьтах пхийтта	[sahtah phɪːtt]
quinze minutos	15 минот	[phɪːtt mɪnɔt]
vinte e quatro horas	де-буьйса	[de bujs]
nascer (m) do sol	малх схьакхетар	[malh shaqetar]
amanhecer (m)	сатасар	[satasar]
madrugada (f)	Iуьйранна хьалххехь	['ujrann halheh]
pôr-do-sol (m)	чубузар	[tʃubuzar]
de madrugada	Iуьйранна хьалххе	['ujrann halhe]
esta manhã	тахан Iуьйранна	[tahan 'ujrann]
amanhã de manhã	кхана Iуьйранна	[qan 'ujrann]
esta tarde	тахана дийнахь	[tahan dɪːnah]
à tarde	делкъан тIаьхьа	[delqʔan tʼæh]
amanhã à tarde	кхана делкъан тIаьхьа	[qan delqʔan tʼæh]
esta noite, hoje à noite	тахана суьйранна	[tahan sujrann]
amanhã à noite	кхана суьйранна	[qan sujrann]
às três horas em ponto	нийсса кхоъ сахьт даьлча	[nɪːss qøʔ saht dæltʃ]
por volta das quatro	диъ сахьт гергга	[dɪʔ saht gergg]
às doze	шийтта сахьт долаж	[ʃɪːtt saht dɔlaʒ]
em vinte minutos	ткъа минот яьлча	[tqʔ mɪnɔt jæltʃ]
em uma hora	цхьа сахьт даьлча	[tsha saht dæltʃ]
a tempo	шен хеннахь	[ʃen hennah]
… um quarto para	сахьтах пхийтта яьлча	[sahtah phɪːtt jæltʃ]
dentro de uma hora	сахьт даллалц	[saht dallalts]
a cada quinze minutos	хIор пхийтта минот	[hʼɔr phɪːtt mɪnɔt]
as vinte e quatro horas	дуьззина де-буьйса	[duzzɪn de bujs]

19. Meses. Estações

janeiro (m)	январь	[janvarʲ]
fevereiro (m)	февраль	[fevraljʲ]
março (m)	март	[mart]
abril (m)	апрель	[aprelj]
maio (m)	май	[maj]
junho (m)	июнь	[ɪjunj]
julho (m)	июль	[ɪulj]
agosto (m)	август	[avgust]
setembro (m)	сентябрь	[sentʲabrʲ]
outubro (m)	октябрь	[ɔktʲabrʲ]
novembro (m)	ноябрь	[nɔjabrʲ]
dezembro (m)	декабрь	[dekabrʲ]
primavera (f)	бIаьсте	[bʼæste]
na primavera	бIаьста	[bʼæst]
primaveril (adj)	бIаьстенан	[bʼæstenan]
verão (m)	аьхке	[æhke]

no verão	аьхка	[æhk]
de verão	аьхкенан	[æhkenan]
outono (m)	гуьйре	[gɥjre]
no outono	гурахь	[gurah]
outonal (adj)	гуьйренан	[gɥjrenan]
inverno (m)	Ia	[ˈɑ]
no inverno	Iай	[ˈɑj]
de inverno	Iаьнан	[ˈænan]
mês (m)	бутт	[butt]
este mês	кху баттахь	[qu battah]
mês que vem	тIебогIу баттахь	[tʼeboɣu battah]
no mês passado	байна баттахь	[bajn battah]
um mês atrás	цхьа бутт хьалха	[tsha butt halh]
em um mês	цхьа бутт баьлча	[tsha butt bæltʃ]
em dois meses	ши бутт баьлча	[ʃɪ butt bæltʃ]
todo o mês	берига бутт	[berrɪg butt]
um mês inteiro	дийнна бутт	[dɪːnn butt]
mensal (adj)	хIор беттан	[hˈɔr bettan]
mensalmente	хIор баттахь	[hˈɔr battah]
todo mês	хIор бутт	[hˈɔr butt]
duas vezes por mês	баттахь 2	[battah ʃozz]
ano (m)	шо	[ʃɔ]
este ano	кхушара	[quʃar]
ano que vem	тIедогIучу шарахь	[tʼedoɣutʃu ʃarah]
no ano passado	стохка	[stɔhk]
há um ano	шо хьалха	[ʃɔ halh]
em um ano	шо даьлча	[ʃɔ dæltʃ]
dentro de dois anos	ши шо даьлча	[ʃɪ ʃɔ dæltʃ]
todo o ano	деррига шо	[derrɪg ʃɔ]
um ano inteiro	дийнна шо	[dɪːnn ʃɔ]
cada ano	хIор шо	[hˈɔr ʃɔ]
anual (adj)	хIор шеран	[hˈɔr ʃəran]
anualmente	хIор шарахь	[hˈɔr ʃarah]
quatro vezes por ano	шарахь 4	[ʃarah døazz]
data (~ de hoje)	де	[de]
data (ex. ~ de nascimento)	терахь	[terah]
calendário (m)	календарь	[kalendarʲ]
meio ano	ахшо	[ahʃɔ]
seis meses	ахшо	[ahʃɔ]
estação (f)	зам	[zam]
século (m)	оьмар	[ømar]

20. Tempo. Diversos

tempo (m)	хан	[han]
momento (m)	бIаргаН НегIап туху юкъ	[bˈargan neɣar tuhu juqʔ]

instante (m)	бӏарган неӏар туху юкъ	[b'argan neɣar tuhu juq?]
instantâneo (adj)	цӏехьана	[ts'ehan]
lapso (m) de tempo	хенан юкъ	[henan juq?]
vida (f)	дахар	[dahar]
eternidade (f)	абаде	[abade]

época (f)	мур	[mur]
era (f)	зама	[zam]
ciclo (m)	цикл	[tsɪkl]
período (m)	мур	[mur]
prazo (m)	хан	[han]

futuro (m)	тӏедогӏу	[t'edɔɣu]
futuro (adj)	тӏедогӏу	[t'edɔɣu]
da próxima vez	тӏаьхьахула	[t'æhahul]
passado (m)	дӏадахнарг	[d'adahnarg]
passado (adj)	дӏадахнар	[d'adahnar]
na última vez	тохар	[tɔhar]
mais tarde	тӏаккха	[t'akq]
depois de ...	тӏаьхьа	[t'æh]
atualmente	хӏинца	[h'ɪnts]
agora	хӏинцца	[h'ɪnts]
imediatamente	хьем ца беш	[hem tsa beʃ]
em breve	кеста	[kest]
de antemão	хьалхе	[halhe]

há muito tempo	тоххара	[tɔhar]
recentemente	дукха хан йоццуш	[duq han jotsuʃ]
destino (m)	кхел	[qel]
recordações (f pl)	диццадалар	[dɪtsadalar]
arquivo (m)	архив	[arhɪv]
durante ...	хеннахь ...	[hennah]
durante muito tempo	дукха	[duq]
pouco tempo	дукха дац	[duq dats]
cedo (levantar-se ~)	хьалха	[halh]
tarde (deitar-se ~)	тӏаьхьа	[t'æh]

para sempre	даиманна	[daɪmann]
começar (vt)	доло	[dɔlɔ]
adiar (vt)	тӏаьхьадаккха	[t'æhadakq]

ao mesmo tempo	цхьана хеннахь	[tshan hennah]
permanentemente	даимлера	[daɪmler]
constante (~ ruído, etc.)	хаддаза	[haddaz]
temporário (adj)	ханна	[hann]

às vezes	наггахь	[naggah]
raras vezes, raramente	кеста ца хуьлу	[kest tsa hulu]
frequentemente	кест-кеста	[kest kest]

21. Linhas e formas

| quadrado (m) | квадрат | [kvadrat] |
| quadrado (adj) | квадратан | [kvadratan] |

círculo (m)	го	[gɔ]
redondo (adj)	горга	[gɔrg]
triângulo (m)	кхосаберг	[qɔsaberg]
triangular (adj)	кхо са болу	[qɔ sa bɔlu]
oval (f)	овал	[ɔval]
oval (adj)	овалан	[ɔvalan]
retângulo (m)	нийса саберг	[nɪːs saberg]
retangular (adj)	нийса сенаш долу	[nɪːs senaʃ dɔlu]
pirâmide (f)	пирамида	[pɪramɪd]
losango (m)	ромб	[rɔmb]
trapézio (m)	трапеци	[trapetsɪ]
cubo (m)	куб	[kub]
prisma (m)	призма	[prɪzm]
circunferência (f)	хӏоз	[h'ɔz]
esfera (f)	тӏехула	[t'ehul]
globo (m)	горгал	[gɔrgal]
diâmetro (m)	диаметр	[dɪametr]
raio (m)	радиус	[radɪus]
perímetro (m)	периметр	[perɪmetr]
centro (m)	центр	[tsentr]
horizontal (adj)	ана	[an]
vertical (adj)	ирх	[ɪrh]
paralela (f)	параллель	[parallelj]
paralelo (adj)	параллельни	[paralleljnɪ]
linha (f)	сиз	[sɪz]
traço (m)	сиз	[sɪz]
reta (f)	нийсаниг	[nɪːsanɪg]
curva (f)	гома сиз	[gɔm sɪz]
fino (linha ~a)	дуткъа	[dutq?]
contorno (m)	гӏаларт	[ɣalart]
interseção (f)	хадор	[hadɔr]
ângulo (m) reto	нийса саберг	[nɪːs saberg]
segmento (m)	сегмент	[segment]
setor (m)	сектор	[sektɔr]
lado (de um triângulo, etc.)	аӏо	['aɣɔ]
ângulo (m)	са	[s]

22. Unidades de medida

peso (m)	дозалла	[dɔzall]
comprimento (m)	йохалла	[johall]
largura (f)	шоралла	[ʃɔrall]
altura (f)	лакхалла	[laqall]
profundidade (f)	кӏоргалла	[k'ɔrgall]
volume (m)	дукхалла	[duqall]
área (f)	майда	[majd]
grama (m)	грамм	[gramm]
miligrama (m)	миллиграмм	[mɪllɪgramm]

quilograma (m)	килограмм	[kɪlɔgramm]
tonelada (f)	тонна	[tɔn]
libra (453,6 gramas)	герка	[gerk]
onça (f)	унци	[unt͡sɪ]

metro (m)	метр	[metr]
milímetro (m)	миллиметр	[mɪllɪmetr]
centímetro (m)	сантиметр	[santɪmetr]
quilômetro (m)	километр	[kɪlɔmetr]
milha (f)	миля	[mɪlj]

polegada (f)	дюйм	[dʉjm]
pé (304,74 mm)	фут	[fut]
jarda (914,383 mm)	ярд	[jard]

metro (m) quadrado	квадратни метр	[kvadratnɪ metr]
hectare (m)	гектар	[gektar]

litro (m)	литр	[lɪtr]
grau (m)	градус	[gradus]
volt (m)	вольт	[vɔljt]
ampère (m)	ампер	[amper]
cavalo (m) de potência	говран ницкъ	[gɔvran nɪt͡sqʔ]

quantidade (f)	дукхалла	[duqall]
um pouco de …	кӏезиг	[kʼezɪg]
metade (f)	ах	[ah]
dúzia (f)	цӏов	[t͡sʼɔv]
peça (f)	цхьаъ	[t͡shaʔ]

tamanho (m), dimensão (f)	барам	[baram]
escala (f)	масштаб	[maʃtab]

mínimo (adj)	уггар кӏезиг	[uggar kʼezɪg]
menor, mais pequeno	уггара кӏезигаха долу	[uggar kʼezɪgaha dɔlu]
médio (adj)	юккъера	[jukqʔer]
máximo (adj)	уггар дукха	[uggar duq]
maior, mais grande	уггара дукхаха долу	[uggar duqaha dɔlu]

23. Recipientes

pote (m) de vidro	банка	[bank]
lata (~ de cerveja)	банка	[bank]
balde (m)	ведар	[wedar]
barril (m)	боьшка	[bøʃk]

bacia (~ de plástico)	тас	[tas]
tanque (m)	бак	[bak]
cantil (m) de bolso	фляжк	[fljaʒk]
galão (m) de gasolina	канистр	[kanɪstr]
cisterna (f)	цистерна	[t͡sɪstern]

caneca (f)	кружка	[kruʒk]
xícara (f)	кад	[kad]

pires (m)	бошхап	[bɔʃhap]
copo (m)	стака	[stak]
taça (f) de vinho	кад	[kad]
panela (f)	яй	[jaj]
garrafa (f)	шиша	[ʃɪʃ]
gargalo (m)	бертиг	[bertɪg]
jarra (f)	сурийла	[surɪːl]
jarro (m)	кӏудал	[k'udal]
recipiente (m)	пхьегӏа	[pheɣ]
pote (m)	кхаба	[qab]
vaso (m)	ваза	[vaz]
frasco (~ de perfume)	флакон	[flakɔn]
frasquinho (m)	шиша	[ʃɪʃ]
tubo (m)	тюбик	[tʉbɪk]
saco (ex. ~ de açúcar)	гали	[galɪ]
sacola (~ plastica)	пакет	[paket]
maço (de cigarros, etc.)	ботт	[bɔtt]
caixa (~ de sapatos, etc.)	гӏутакх	[ɣutaq]
caixote (~ de madeira)	яьшка	[jæʃk]
cesto (m)	тускар	[tuskar]

24. Materiais

material (m)	коьчал	[køtʃal]
madeira (f)	дитт	[dɪtt]
de madeira	дечиган	[detʃɪgan]
vidro (m)	ангали	[angalɪ]
de vidro	ангалин	[angalɪn]
pedra (f)	тӏулг	[t'ulg]
de pedra	тӏулган	[t'ulgan]
plástico (m)	пластик	[plastɪk]
plástico (adj)	пластмассови	[plastmassɔwɪ]
borracha (f)	резина	[rezɪn]
de borracha	резинин	[rezɪnɪn]
tecido, pano (m)	кӏади	[k'adɪ]
de tecido	кӏадах	[k'adah]
papel (m)	кехат	[kehat]
de papel	кехатан	[kehatan]
papelão (m)	мужалт	[muʒalt]
de papelão	мужалтан	[muʒaltan]
polietileno (m)	полиэтилен	[pɔlɪɛtɪlen]
celofane (m)	целлофан	[tsellɔfan]

madeira (f) compensada	фанера	[faner]
porcelana (f)	кlайн кхийра	[k'ajn qɪːr]
de porcelana	кlайчу кхийран	[k'ajtʃu qɪːran]
argila (f), barro (m)	поппар	[pɔppar]
de barro	кхийра	[qɪːr]
cerâmica (f)	кхийра	[qɪːr]
de cerâmica	кхийран	[qɪːran]

25. Metais

metal (m)	металл	[metall]
metálico (adj)	металлан	[metallan]
liga (f)	лалам	[lalam]
ouro (m)	деши	[deʃɪ]
de ouro	дашо	[daʃɔ]
prata (f)	дети	[detɪ]
de prata	дато	[datɔ]
ferro (m)	эчиг	[ɛtʃɪg]
de ferro	аьчка	[ætʃk]
aço (m)	болат	[bɔlat]
de aço (adj)	болатан	[bɔlatan]
cobre (m)	цlаста	[tsʼast]
de cobre	цlастан	[tsʼastan]
alumínio (m)	наштар	[naʃtar]
de alumínio	наштаран	[naʃtaran]
bronze (m)	борза	[bɔrz]
de bronze	борзанан	[bɔrzanan]
latão (m)	латунь	[latunj]
níquel (m)	никель	[nɪkelj]
platina (f)	кlайн деши	[k'ajn deʃɪ]
mercúrio (m)	гинсу	[gɪnsu]
estanho (m)	гlели	[ɣelɪ]
chumbo (m)	даш	[daʃ]
zinco (m)	цинк	[tsɪnk]

O SER HUMANO

O ser humano. O corpo

26. Humanos. Conceitos básicos

ser (m) humano	стаг	[stɑg]
homem (m)	боьрша стаг	[børʃ stɑg]
mulher (f)	зуда	[zud]
criança (f)	бер	[ber]
menina (f)	жима йоӏ	[ʒɪm joʕ]
menino (m)	кӏант	[k'ant]
adolescente (m)	кхиазхо	[qɪɑzho]
velho (m)	воккха стаг	[vɔkq stɑg]
velha (f)	йоккха стаг	[jokq stɑg]

27. Anatomia humana

organismo (m)	организм	[ɔrgɑnɪzm]
coração (m)	дог	[dɔg]
sangue (m)	цӏий	[ʦ'ɪː]
artéria (f)	дегапха	[degɑph]
veia (f)	пха	[ph]
cérebro (m)	хье	[he]
nervo (m)	нерв	[nerv]
nervos (m pl)	нерваш	[nervɑʃ]
vértebra (f)	букъдаьлахк	[buqʔdæ'ɑhk]
coluna (f) vertebral	букъсурт	[buqʔsurt]
estômago (m)	хьер	[her]
intestinos (m pl)	чуьйраш	[ʧʉjrɑʃ]
intestino (m)	йоьхь	[jøh]
fígado (m)	долах	[dɔ'ɑh]
rim (m)	члениг	[ʧ'enɪg]
osso (m)	даьлахк	[dæ'ɑhk]
esqueleto (m)	скелет	[skelet]
costela (f)	пӏенда	[p'end]
crânio (m)	туьта	[tʉt]
músculo (m)	дилха	[dɪlh]
bíceps (m)	пхьаьрсан пхьид	[phæ'rsɑn phɪd]
tríceps (m)	трицепс	[trɪʦeps]
tendão (m)	хьорзам	[hɔrzɑm]
articulação (f)	хоттар	[hottɑr]

pulmões (m pl)	пехаш	[pehaʃ]
órgãos (m pl) genitais	стен-боьршаллин органаш	[sten børʃallɪn ɔrganaʃ]
pele (f)	цIока	[tsʼɔk]

28. Cabeça

cabeça (f)	корта	[kɔrt]
rosto, cara (f)	юьхь	[juh]
nariz (m)	мара	[mar]
boca (f)	бага	[bag]
olho (m)	бIаьрг	[bʼærg]
olhos (m pl)	бIаьргаш	[bʼærgaʃ]
pupila (f)	йолбIаьрг	[joʼbʼærg]
sobrancelha (f)	цIоцкъам	[tsʼɔtsqʔam]
cílio (f)	бIарган неIларийн чоьш	[bʼargan neɣarɪːn tʃøʃ]
pálpebra (f)	бIаьрганеIлап	[bʼærganeɣar]
língua (f)	мотт	[mɔtt]
dente (m)	церг	[tserg]
lábios (m pl)	балдаш	[baldaʃ]
maçãs (f pl) do rosto	бIаьрадаьлахкаш	[bʼæradæʼahkaʃ]
gengiva (f)	доьлаш	[døłaʃ]
palato (m)	стигал	[stɪgal]
narinas (f pl)	меран Iуьргаш	[meran ʜrgaʃ]
queixo (m)	чIениг	[tʃʼenɪg]
mandíbula (f)	мочхал	[mɔtʃhal]
bochecha (f)	бесни	[besnɪ]
testa (f)	хьаж	[haʒ]
têmpora (f)	лергаюх	[lergajuh]
orelha (f)	лерг	[lerg]
costas (f pl) da cabeça	кIесаркIаг	[kʼesarkʼag]
pescoço (m)	ворта	[vɔrt]
garganta (f)	къамкъарг	[qʔamqʔarg]
cabelo (m)	месаш	[mesaʃ]
penteado (m)	тойина месаш	[tɔjɪn mesaʃ]
corte (m) de cabelo	месаш дIахедор	[mesaʃ dʼahedɔr]
peruca (f)	парик	[parɪk]
bigode (m)	мекхаш	[meqaʃ]
barba (f)	маж	[maʒ]
ter (~ barba, etc.)	лело	[lelɔ]
trança (f)	кIажар	[kʼaʒar]
suíças (f pl)	бакенбардаш	[bakenbardaʃ]
ruivo (adj)	хьаьрса	[hærs]
grisalho (adj)	къоьжа	[qʔøʒ]
careca (adj)	кIунзал	[kʼunzal]
calva (f)	кIунзал	[kʼunzal]
rabo-de-cavalo (m)	цIога	[tsʼɔg]
franja (f)	кIужал	[kʼuʒal]

29. Corpo humano

mão (f)	гlара	[t'ar]
braço (m)	куьйг	[kɥjg]

dedo (m)	пlелг	[p'elg]
polegar (m)	нана пlелг	[nan p'elg]
dedo (m) mindinho	цlаза-пlелг	[ts'az p'elg]
unha (f)	мlара	[m'ar]

punho (m)	буй	[buj]
palma (f)	кераюкъ	[kerajuqʔ]
pulso (m)	куьйган хьакхолг	[kɥjgan haqɔlg]
antebraço (m)	пхьарс	[phars]
cotovelo (m)	гола	[gɔl]
ombro (m)	белш	[belʃ]

perna (f)	ког	[kɔg]
pé (m)	коган кlело	[kɔgan k'elɔ]
joelho (m)	гола	[gɔl]
panturrilha (f)	пхьид	[phɪd]
quadril (m)	варе	[vare]
calcanhar (m)	кlажа	[k'aʒ]

corpo (m)	дегl	[deɣ]
barriga (f), ventre (m)	гай	[gaj]
peito (m)	накха	[naq]
seio (m)	накха	[naq]
lado (m)	аглo	['aɣɔ]
costas (dorso)	букъ	[buqʔ]
região (f) lombar	хоттарш	[hottarʃ]
cintura (f)	глодаюкъ	[ɣɔdajuqʔ]

umbigo (m)	цlонга	[ts'ɔng]
nádegas (f pl)	хенан маьиг	[henan mæ'ɪg]
traseiro (m)	тlехье	[t'ehe]

sinal (m), pinta (f)	кlеда	[k'ed]
sinal (m) de nascença	минга	[mɪng]
tatuagem (f)	дагар	[dagar]
cicatriz (f)	мо	[mɔ]

Vestuário & Acessórios

30. Roupa exterior. Casacos

roupa (f)	бедар	[bedɑr]
roupa (f) exterior	тӏехула юху бедар	[tʼehul juhu bedɑr]
roupa (f) de inverno	ӏаьнан барзакъ	[ˈænɑn bɑrzɑqʔ]
sobretudo (m)	пальто	[pɑljtɔ]
casaco (m) de pele	кетар	[ketɑr]
jaqueta (f) de pele	йоца кетар	[jotsˈ ketɑr]
casaco (m) acolchoado	месийн гоь	[mesiːn gø]
casaco (m), jaqueta (f)	куртка	[kurtk]
impermeável (m)	плащ	[plɑɕ]
a prova d'água	хи чекх ца долу	[hɪ tɕeq tsɑ dɔlu]

31. Vestuário de homem & mulher

camisa (f)	коч	[kɔtʃ]
calça (f)	хеча	[hetʃ]
jeans (m)	джинсаш	[dʒɪnsɑʃ]
paletó, terno (m)	пиджак	[pɪdʒɑk]
terno (m)	костюм	[kɔstʉm]
vestido (ex. ~ de noiva)	бедар	[bedɑr]
saia (f)	юпка	[jupk]
blusa (f)	блузка	[bluzk]
casaco (m) de malha	кофта	[kɔft]
casaco, blazer (m)	жакет	[ʒɑket]
camiseta (f)	футболк	[futbɔlk]
short (m)	шорташ	[ʃɔrtɑʃ]
training (m)	спортан костюм	[spɔrtɑn kɔstʉm]
roupão (m) de banho	оба	[ɔb]
pijama (m)	пижама	[pɪʒɑm]
suéter (m)	свитер	[swɪter]
pulôver (m)	пуловер	[pulɔwer]
colete (m)	жилет	[ʒɪlet]
fraque (m)	фрак	[frɑk]
smoking (m)	смокинг	[smɔkɪng]
uniforme (m)	форма	[fɔrm]
roupa (f) de trabalho	белхан бедар	[belhɑn bedɑr]
macacão (m)	комбинезон	[kɔmbɪnezɔn]
jaleco (m), bata (f)	оба	[ɔb]

32. Vestuário. Roupa interior

roupa (f) íntima	чухулаюху хlуманаш	[tʃuhulajuhu h'umanaʃ]
camiseta (f)	майка	[majk]
meias (f pl)	пазаташ	[pazataʃ]
camisola (f)	вуьжуш юху коч	[vʉʒuʃ juhu kɔtʃ]
sutiã (m)	бюстгалтер	[bʉstgalter]
meias longas (f pl)	пазаташ	[pazataʃ]
meias-calças (f pl)	колготкаш	[kɔlgɔtkaʃ]
meias (~ de nylon)	пазаташ	[pazataʃ]
maiô (m)	луьйчушъюхург	[lʉjtʃuʃʔʉhurg]

33. Adereços de cabeça

chapéu (m), touca (f)	куй	[kuj]
chapéu (m) de feltro	шляпа	[ʃljap]
boné (m) de beisebol	бейсболк	[bejsbɔlk]
boina (~ italiana)	кепка	[kepk]
boina (ex. ~ basca)	берет	[beret]
capuz (m)	бошлакх	[bɔʃlaq]
chapéu panamá (m)	панамка	[panamk]
touca (f)	юьйцина куй	[jujtsɪn kuj]
lenço (m)	йовлакх	[jovlaq]
chapéu (m) feminino	шляпин цуьрг	[ʃljapɪn tsʉrg]
capacete (m) de proteção	каска	[kask]
bibico (m)	пилотка	[pɪlɔtk]
capacete (m)	гlем	[ɣem]
chapéu-coco (m)	яй	[jaj]
cartola (f)	цилиндр	[tsɪlɪndr]

34. Calçado

calçado (m)	мача	[matʃ]
botinas (f pl), sapatos (m pl)	батенкаш	[batenkaʃ]
sapatos (de salto alto, etc.)	туфлеш	[tufleʃ]
botas (f pl)	эткаш	[ɛtkaʃ]
pantufas (f pl)	кlархаш	[k'arhaʃ]
tênis (~ Nike, etc.)	красовкаш	[krasɔvkaʃ]
tênis (~ Converse)	кеди	[kedɪ]
sandálias (f pl)	сандалеш	[sandaleʃ]
sapateiro (m)	эткийн пхьар	[ɛtkɪːn phar]
salto (m)	кlажа	[k'aʒ]
par (m)	шиъ	[ʃɪʔ]
cadarço (m)	чимчаргlа	[tʃɪmtʃarɣ]

amarrar os cadarços	чимчарӏа дӏадехка	[tʃɪmtʃarɣ d'adehk]
calçadeira (f)	ӏайг	['ajg]
graxa (f) para calçado	мачийн крем	[matʃɪːn krem]

35. Têxtil. Tecidos

algodão (m)	бамба	[bamb]
de algodão	бамбан	[bamban]
linho (m)	вета	[wet]
de linho	ветан	[wetan]

seda (f)	чилла	[tʃɪll]
de seda	чилланан	[tʃɪllanan]
lã (f)	тӏапрӏа	[t'arɣ]
de lã	тӏепрӏан	[t'erɣan]

veludo (m)	бархат	[barhat]
camurça (f)	замша	[zamʃ]
veludo (m) cotelê	хут	[hut]

nylon (m)	нейлон	[nejlɔn]
de nylon	нейлонан	[nejlɔnan]
poliéster (m)	полиэстер	[pɔlɪɛster]
de poliéster	полиэстеран	[pɔlɪɛsteran]

couro (m)	тӏаьрсиг	[t'ærsɪg]
de couro	тӏаьрсиган	[t'ærsɪgan]
pele (f)	чо	[tʃɔ]
de pele	чо болу	[tʃɔ bɔlu]

36. Acessórios pessoais

luva (f)	карнаш	[karnaʃ]
mitenes (f pl)	каранаш	[karanaʃ]
cachecol (m)	шарф	[ʃarf]

óculos (m pl)	куьзганаш	[kʉzganaʃ]
armação (f)	куьзганийн гура	[kʉzganɪːn gur]
guarda-chuva (m)	зонтик	[zɔntɪk]
bengala (f)	ӏасалг	['asalg]
escova (f) para o cabelo	щётка	[ɕotk]
leque (m)	мохтухург	[mɔhtuhurg]

gravata (f)	галстук	[galstuk]
gravata-borboleta (f)	галстук-бабочка	[galstuk babɔtʃk]
suspensórios (m pl)	доьхкарш	[døhkarʃ]
lenço (m)	мерах хьокху йовлакх	[merah hɔqu jovlaq]

pente (m)	ехк	[ehk]
fivela (f) para cabelo	маха	[mah]
grampo (m)	мӏара	[m'ar]
fivela (f)	кӏега	[k'eg]

cinto (m)	доьхка	[døhk]
alça (f) de ombro	бухка	[buhk]
bolsa (f)	тIормиг	[t'ɔrmɪg]
bolsa (feminina)	тIормиг	[t'ɔrmɪg]
mochila (f)	рюкзак	[rʉkzɑk]

37. Vestuário. Diversos

moda (f)	мода	[mɔd]
na moda (adj)	модехь долу	[mɔdeh dɔlu]
estilista (m)	модельхо	[mɔdeljhɔ]
colarinho (m)	кач	[kɑtʃ]
bolso (m)	киса	[kɪs]
de bolso	кисанан	[kɪsɑnɑn]
manga (f)	пхьош	[phɔʃ]
ganchinho (m)	лалам	[lɑlɑm]
bragueta (f)	ширинка	[ʃɪrɪnk]
zíper (m)	догIа	[dɔɣ]
colchete (m)	туьйдарг	[tʉjdɑrg]
botão (m)	нуьйда	[nʉjd]
botoeira (casa de botão)	туьйдарг	[tʉjdɑrg]
soltar-se (vr)	дIадала	[d'ɑdɑl]
costurar (vi)	тега	[teg]
bordar (vt)	дага	[dɑg]
bordado (m)	дагар	[dɑgɑr]
agulha (f)	маха	[mɑh]
fio, linha (f)	тай	[tɑj]
costura (f)	эвна	[ɛvn]
sujar-se (vr)	бехдала	[behdɑl]
mancha (f)	таммагIа	[tɑmmɑɣ]
amarrotar-se (vr)	хьерча	[hertʃ]
rasgar (vt)	датIо	[dɑt'ɔ]
traça (f)	неца	[nets]

38. Cuidados pessoais. Cosméticos

pasta (f) de dente	цергийн паста	[tsergɪ:n pɑst]
escova (f) de dente	цергийг щётка	[tsergɪ:g ɕɔtk]
escovar os dentes	цергаш цIанъян	[tsergɑʃ ts'ɑn?jɑn]
gilete (f)	урс	[urs]
creme (m) de barbear	маж йошуш хьокху крем	[mɑʒ joʃuʃ hɔqu krem]
barbear-se (vr)	даша	[dɑʃ]
sabonete (m)	саба	[sɑb]
xampu (m)	шампунь	[ʃɑmpunj]
tesoura (f)	тукар	[tukɑr]

lixa (f) de unhas	ков	[kɔv]
corta-unhas (m)	маlраш йоху морзах	[maˈraʃ johu mɔrzah]
pinça (f)	пинцет	[pɪnʦet]
cosméticos (m pl)	косметика	[kɔsmetɪk]
máscara (f)	маска	[mask]
manicure (f)	маникюр	[manɪkʉr]
fazer as unhas	маникюр ян	[manɪkʉr jan]
pedicure (f)	педикюр	[pedɪkʉr]
bolsa (f) de maquiagem	косметичка	[kɔsmetɪʧk]
pó (de arroz)	пудра	[pudr]
pó (m) compacto	пудрадухкург	[pudraduhkurg]
blush (m)	цIен басарш	[ʦˈen basarʃ]
perfume (m)	духlи	[duhˈɪ]
água-de-colônia (f)	туалетан хи	[tualetan hɪ]
loção (f)	лосьон	[losʲɔn]
colônia (f)	laтlap	[ˈatˈar]
sombra (f) de olhos	тенеш	[teneʃ]
delineador (m)	бIаргах хьокху къолам	[bˈargah hɔqu qʔɔlam]
máscara (f), rímel (m)	тушь	[tuʃ]
batom (m)	балдех хьокху хьакхар	[baldeh hɔqu haqar]
esmalte (m)	маlрат хьокху лак	[maˈrat hɔqu lak]
laquê (m), spray fixador (m)	месашт хьокху лак	[mesaʃt hɔqu lak]
desodorante (m)	дезодарант	[dezɔdarant]
creme (m)	крем	[krem]
creme (m) de rosto	юьхьах хьокху крем	[juhah hɔqu krem]
creme (m) de mãos	куьйгах хьокху крем	[kʉjgah hɔqu krem]
creme (m) antirrugas	хершнаш духьал крем	[herʃnaʃ dʉhal krem]
de dia	дийнан	[dɪːnan]
da noite	буьйсанан	[bʉjsanan]
absorvente (m) interno	тампон	[tampɔn]
papel (m) higiênico	хьаштаlган кехат	[haʃtaɣan kehat]
secador (m) de cabelo	месашъякъорг	[mesaʃʲjaqʔɔrg]

39. Joalheria

joias (f pl)	мехела хlума	[mehel hˈum]
precioso (adj)	мехала	[mehal]
marca (f) de contraste	цIеналла	[ʦˈenall]
anel (m)	чlуг	[ʧˈug]
aliança (f)	тIорд	[tˈɔrd]
pulseira (f)	хlоз	[hˈɔz]
brincos (m pl)	чlагарш	[ʧˈagarʃ]
colar (m)	туьтеш	[tʉteʃ]
coroa (f)	таж	[taʒ]
colar (m) de contas	туьтеш	[tʉteʃ]

diamante (m)	бриллиант	[brɪlɪɑnt]
esmeralda (f)	изумруд	[ɪzumrud]
rubi (m)	цӏен алмаз	[tsʼen almaz]
safira (f)	сапфир	[sapfɪr]
pérola (f)	жовхӏар	[ʒɔvhʼar]
âmbar (m)	янтар	[jantar]

40. Relógios de pulso. Relógios

relógio (m) de pulso	пхьаьрсах доьхку сахьт	[phærsah døhku saht]
mostrador (m)	циферблат	[tsɪferblat]
ponteiro (m)	сахьтан цамза	[sahtan tsamz]
bracelete (em aço)	сахьтан хӏоз	[sahtan hʼɔz]
bracelete (em couro)	ремешок	[remeʃɔk]

pilha (f)	батарейка	[batarejk]
acabar (vi)	охьахаа	[ɔhahaʼa]
trocar a pilha	хийца	[hiːts]
estar adiantado	сихадала	[sɪhadal]
estar atrasado	тӏехь лела	[tʼeh lel]

relógio (m) de parede	пенах уллу сахьт	[penah ullu saht]
ampulheta (f)	гӏамаран сахьт	[ɣamaran saht]
relógio (m) de sol	маьлхан сахьт	[mælhan saht]
despertador (m)	сомавоккху сахьт	[sɔmavɔkqu saht]
relojoeiro (m)	сахьтийн пхьар	[sahtɪːn phar]
reparar (vt)	тадан	[tadan]

Alimentação. Nutrição

41. Comida

carne (f)	жижиг	[ʒɪʒɪg]
galinha (f)	котам	[kɔtam]
frango (m)	кlорни	[kʼɔrnɪ]
pato (m)	бад	[bad]
ganso (m)	гlаз	[ɣaz]
caça (f)	экха	[ɛq]
peru (m)	москал-котам	[mɔskal kɔtam]
carne (f) de porco	хьакхин жижиг	[haqɪn ʒɪʒɪg]
carne (f) de vitela	эсан жижиг	[ɛsan ʒɪʒɪg]
carne (f) de carneiro	уьстаrlан жижиг	[ustaɣan ʒɪʒɪg]
carne (f) de vaca	бежанан жижиг	[beʒanan ʒɪʒɪg]
carne (f) de coelho	пхьагал	[phagal]
linguiça (f), salsichão (m)	марш	[marʃ]
salsicha (f)	йоьхь	[jøh]
bacon (m)	бекон	[bekɔn]
presunto (m)	дакъийна хьакхин жижиг	[daqʔɪːn haqɪn ʒɪʒɪg]
pernil (m) de porco	хьакхин гlоrl	[haqɪn ɣoɣ]
patê (m)	паштет	[paʃtet]
fígado (m)	дolax	[dɔʼah]
guisado (m)	аьхьана жижиг	[æhan ʒɪʒɪg]
língua (f)	мотт	[mɔtt]
ovo (m)	xlоа	[hʼɔʼa]
ovos (m pl)	xlоаш	[hʼɔʼaʃ]
clara (f) de ovo	кlайн xlоа	[kʼajn hʼɔʼa]
gema (f) de ovo	буьйра	[bujr]
peixe (m)	чlара	[tʃʼar]
mariscos (m pl)	xlордан сурсаташ	[hʼɔrdan sursataʃ]
caviar (m)	зирх	[zɪrh]
caranguejo (m)	краб	[krab]
camarão (m)	креветка	[krewetk]
ostra (f)	устрица	[ustrɪts]
lagosta (f)	лангуст	[laŋust]
polvo (m)	барxlкогберг	[barhʼkɔgberg]
lula (f)	кальмар	[kaljmar]
esturjão (m)	иргlу	[ɪrɣu]
salmão (m)	лосось	[lɔsɔsʲ]
halibute (m)	палтус	[paltus]
bacalhau (m)	треска	[tresk]
cavala, sarda (f)	скумбри	[skumbrɪ]

atum (m)	тунец	[tunets]
enguia (f)	жIаьлин чIара	[ʒ'ælɪn tʃ'ar]
truta (f)	бакъ чIара	[baqʔ tʃ'ar]
sardinha (f)	сардина	[sardɪn]
lúcio (m)	гIазкхийн чIара	[ɣazqɪːn tʃ'ar]
arenque (m)	сельдь	[seljdʲ]
pão (m)	бепиг	[bepɪg]
queijo (m)	нехча	[nehtʃ]
açúcar (m)	шекар	[ʃəkar]
sal (m)	туьха	[tʉh]
arroz (m)	дуга	[dug]
massas (f pl)	макаронаш	[makarɔnaʃ]
talharim, miojo (m)	гарзанаш	[garzanaʃ]
manteiga (f)	налха	[nalh]
óleo (m) vegetal	ораматийн даьтта	[ɔramatɪːn dætt]
óleo (m) de girassol	хIун даьтта	[h'un dætt]
margarina (f)	маргарин	[margarɪn]
azeitonas (f pl)	оливкаш	[ɔlɪvkaʃ]
azeite (m)	оливкан даьтта	[ɔlɪvkan dætt]
leite (m)	шура	[ʃur]
leite (m) condensado	юкъйина шура	[juqʔjɪn ʃur]
iogurte (m)	йогурт	[jogurt]
creme (m) azedo	тIо	[t'ɔ]
creme (m) de leite	гIаймакх	[ɣajmaq]
maionese (f)	майнез	[majnez]
creme (m)	крем	[krem]
grãos (m pl) de cereais	Iов	['ɔv]
farinha (f)	дама	[dam]
enlatados (m pl)	консерваш	[kɔnservaʃ]
flocos (m pl) de milho	хьаьжкIийн чуьппалгаш	[hæʒk'ɪːn tʃʉppalgaʃ]
mel (m)	моз	[mɔz]
geleia (m)	джем	[dʒem]
chiclete (m)	céгIaз	[seɣaz]

42. Bebidas

água (f)	хи	[hɪ]
água (f) potável	молу хи	[mɔlu hɪ]
água (f) mineral	дарбане хи	[darbane hɪ]
sem gás (adj)	газ йоцуш	[gaz jotsuʃ]
gaseificada (adj)	газ тоьхна	[gaz tøhn]
com gás	газ йолуш	[gaz joluʃ]
gelo (m)	ша	[ʃ]
com gelo	ша болуш	[ʃa bɔluʃ]

não alcoólico (adj)	алкоголь йоцу	[alkɔgɔlj jotsu]
refrigerante (m)	алкоголь йоцу маларш	[alkɔgɔlj jotsu malarʃ]
refresco (m)	хьогаллин малар	[hɔgallɪn malar]
limonada (f)	лимонад	[lɪmɔnad]
bebidas (f pl) alcoólicas	алкоголь йолу маларш	[alkɔgɔlj jolu malarʃ]
vinho (m)	чагар	[tʃaɣar]
vinho (m) branco	кӏай чагар	[kʼaj tʃaɣar]
vinho (m) tinto	цӏен чагар	[tsʼen tʃaɣar]
licor (m)	ликёр	[lɪkʲor]
champanhe (m)	шампански	[ʃampanskɪ]
vermute (m)	вермут	[wermut]
uísque (m)	виски	[wɪskɪ]
vodca (f)	къаьракъа	[qʔæraqʔ]
gim (m)	джин	[dʒɪn]
conhaque (m)	коньяк	[kɔnjak]
rum (m)	ром	[rɔm]
café (m)	къахьо	[qʔahɔ]
café (m) preto	ӏаьржа къахьо	[ˈærʒ qʔahɔ]
café (m) com leite	шура тоьхна къахьо	[ʃur tøhn qʔahɔ]
cappuccino (m)	гӏаймакх тоьхна къахьо	[ɣajmaq tøhn qʔahɔ]
café (m) solúvel	дешаш долу къахьо	[deʃaʃ dɔlu qʔahɔ]
leite (m)	шура	[ʃur]
coquetel (m)	коктейль	[kɔktejlj]
batida (f), milkshake (m)	шурин коктейль	[ʃurɪn kɔktejlj]
suco (m)	мутта	[mutt]
suco (m) de tomate	помидорийн мутта	[pɔmɪdɔrɪːn mutt]
suco (m) de laranja	апельсинан мутта	[apeljsɪnan mutt]
suco (m) fresco	керла яаккха мутта	[kerl jakq mutt]
cerveja (f)	йий	[jɪː]
cerveja (f) clara	сирла йий	[sɪrl jɪː]
cerveja (f) preta	ӏаьржа йий	[ˈærʒ jɪː]
chá (m)	чай	[tʃaj]
chá (m) preto	ӏаьржа чай	[ˈærʒ tʃaj]
chá (m) verde	баьццара чай	[bætsar tʃaj]

43. Vegetais

vegetais (m pl)	хасстоьмаш	[hasstømaʃ]
verdura (f)	гӏабуц	[ɣabuts]
tomate (m)	помидор	[pɔmɪdɔr]
pepino (m)	наьрс	[nærs]
cenoura (f)	жӏонка	[ʒʼɔnk]
batata (f)	картол	[kartɔl]
cebola (f)	хох	[hoh]
alho (m)	саьрмасекх	[særmaseq]

couve (f)	копаста	[kɔpast]
couve-flor (f)	къорза копаста	[qʔɔrz kɔpast]
couve-de-bruxelas (f)	брюссельски копаста	[brʉsseljskɪ kɔpast]
brócolis (m pl)	брокколи копаст	[brɔkkɔlɪ kɔpast]
beterraba (f)	бурак	[burak]
berinjela (f)	баклажан	[baklaʒan]
abobrinha (f)	кабачок	[kabatʃok]
abóbora (f)	гӀабакх	[ɣabaq]
nabo (m)	хорсам	[horsam]
salsa (f)	чам-буц	[tʃam buts]
endro, aneto (m)	оччам	[otʃam]
alface (f)	салат	[salat]
aipo (m)	сельдерей	[seljderej]
aspargo (m)	спаржа	[sparʒ]
espinafre (m)	шпинат	[ʃpɪnat]
ervilha (f)	кхоьш	[qøʃ]
feijão (~ soja, etc.)	кхоьш	[qøʃ]
milho (m)	хьаьжкӀа	[hæʒkʼ]
feijão (m) roxo	кхоь	[qø]
pimentão (m)	бурч	[burtʃ]
rabanete (m)	цӀен хорсам	[tsʼen horsam]
alcachofra (f)	артишок	[artɪʃok]

44. Frutos. Nozes

fruta (f)	стом	[stɔm]
maçã (f)	Ӏаж	[ˈaʒ]
pera (f)	кхор	[qɔr]
limão (m)	лимон	[lɪmɔn]
laranja (f)	апельсин	[apeljsɪn]
morango (m)	цӀазам	[tsʼazam]
tangerina (f)	мандарин	[mandarɪn]
ameixa (f)	хьач	[hatʃ]
pêssego (m)	гӀаммагӀа	[ɣammaɣ]
damasco (m)	туьрк	[tʉrk]
framboesa (f)	комар	[kɔmar]
abacaxi (m)	ананас	[ananas]
banana (f)	банан	[banan]
melancia (f)	хорбаз	[horbaz]
uva (f)	кемсаш	[kemsaʃ]
ginja, cereja (f)	балл	[ball]
melão (m)	гӀабакх	[ɣabaq]
toranja (f)	грейпфрут	[grejpfrut]
abacate (m)	авокадо	[avɔkadɔ]
mamão (m)	папайя	[papaj]
manga (f)	манго	[mangɔ]
romã (f)	гранат	[granat]

groselha (f) vermelha	цlен кхезарш	[ts'en qezarʃ]
groselha (f) negra	Iаьржа кхезарш	['ærʒ qezarʃ]
groselha (f) espinhosa	кlудалгаш	[k'udalgaʃ]
mirtilo (m)	Iаьржа балл	['ærʒ ball]
amora (f) silvestre	мангалкомар	[mangalkɔmar]
passa (f)	кишмаш	[kɪʃmaʃ]
figo (m)	инжир	[ɪnʒɪr]
tâmara (f)	хурма	[hurm]
amendoim (m)	орахис	[ɔrahɪs]
amêndoa (f)	миндаль	[mɪndalj]
noz (f)	бочабlар	[bɔtʃab'ar]
avelã (f)	хlунан бlар	[h'unan bar]
coco (m)	кокосови бlар	[kɔkɔsɔwɪ b'ar]
pistaches (m pl)	фисташкаш	[fɪstaʃkaʃ]

45. Pão. Bolaria

pastelaria (f)	кхачанан хlуманаш	[qatʃanan h'umanaʃ]
pão (m)	бепиг	[bepɪg]
biscoito (m), bolacha (f)	пичени	[pɪtʃenɪ]
chocolate (m)	шоколад	[ʃɔkɔlad]
de chocolate	шоколадан	[ʃɔkɔladan]
bala (f)	кемпет	[kempet]
doce (bolo pequeno)	пирожни	[pɪrɔʒnɪ]
bolo (m) de aniversário	торт	[tɔrt]
torta (f)	чуда	[tʃud]
recheio (m)	чуйоьллинарг	[tʃujøllɪnarg]
geleia (m)	варени	[varenɪ]
marmelada (f)	мармелад	[marmelad]
wafers (m pl)	вафлеш	[vafleʃ]
sorvete (m)	морожени	[mɔrɔʒenɪ]

46. Pratos cozinhados

prato (m)	даар	[da'ar]
cozinha (~ portuguesa)	даарш	[da'arʃ]
receita (f)	рецепт	[retsept]
porção (f)	порци	[pɔrtsɪ]
salada (f)	салат	[salat]
sopa (f)	чорпа	[tʃorp]
caldo (m)	чорпа	[tʃorp]
sanduíche (m)	бутерброд	[buterbrɔd]
ovos (m pl) fritos	хlоаш	[h'ɔ'aʃ]
hambúrguer (m)	гамбургер	[gamburger]
bife (m)	бифштекс	[bɪfʃteks]

acompanhamento (m)	гарнир	[gɑrnɪr]
espaguete (m)	спагетти	[spɑgettɪ]
purê (m) de batata	картолийн худар	[kɑrtɔlɪːn hudɑr]
pizza (f)	пицца	[pɪt͡s]
mingau (m)	худар	[hudɑr]
omelete (f)	омлет	[ɔmlet]
fervido (adj)	кхехкийна	[qehkɪːn]
defumado (adj)	кхаьгна	[qæɡn]
frito (adj)	кхерзина	[qerzɪn]
seco (adj)	дакъийна	[dɑqʔɪːn]
congelado (adj)	гlорийна	[ɣɔrɪːn]
em conserva (adj)	берамала доьллина	[berɑmɑl døllɪn]
doce (adj)	мерза	[merz]
salgado (adj)	дуьра	[dʉr]
frio (adj)	шийла	[ʃɪːl]
quente (adj)	довха	[dɔvh]
amargo (adj)	къаьхьа	[qʔæh]
gostoso (adj)	чоме	[t͡ʃome]
cozinhar em água fervente	кхехко	[qehkɔ]
preparar (vt)	кечдан	[ket͡ʃdɑn]
fritar (vt)	кхарза	[qɑrz]
aquecer (vt)	дохдан	[dɔhdɑn]
salgar (vt)	туьха таса	[tʉhɑ tɑs]
apimentar (vt)	бурч таса	[burt͡ʃ tɑs]
ralar (vt)	сатоха	[sɑtɔh]
casca (f)	чкъуьйриг	[t͡ʃqʔʉjrɪg]
descascar (vt)	цlанъян	[ts'ɑnʔjɑn]

47. Especiarias

sal (m)	туьха	[tʉh]
salgado (adj)	дуьра	[dʉr]
salgar (vt)	туьха таса	[tʉhɑ tɑs]
pimenta-do-reino (f)	lаьржа бурч	['ærʒ burt͡ʃ]
pimenta (f) vermelha	цlен бурч	[ts'en burt͡ʃ]
mostarda (f)	кlолла	[k'ɔll]
raiz-forte (f)	кlон орам	[k'ɔn ɔrɑm]
condimento (m)	чамбийриг	[t͡ʃɑmbɪːrɪg]
especiaria (f)	мерза юург	[merz ju'urg]
molho (~ inglês)	берам	[berɑm]
vinagre (m)	къонза	[qʔɔnz]
anis estrelado (m)	анис	[ɑnɪs]
manjericão (m)	базилик	[bɑzɪlɪk]
cravo (m)	гвоздика	[gvɔzdɪk]
gengibre (m)	lамбар	['ɑmbɑr]
coentro (m)	кориандр	[kɔrɪɑndr]
canela (f)	корица	[kɔrɪt͡s]

gergelim (m)	кунжут	[kunʒut]
folha (f) de louro	лавран гӀа	[lavran ɣa]
páprica (f)	паприка	[paprɪk]
cominho (m)	циц	[tsɪts]
açafrão (m)	шафран	[ʃafran]

48. Refeições

comida (f)	даар	[da'ar]
comer (vt)	яаа	[ja'a]
café (m) da manhã	марта	[mart]
tomar café da manhã	марта даа	[mart da'a]
almoço (m)	делкъан кхача	[delqʔan qatʃ]
almoçar (vi)	делкъана хӀума яа	[delqʔan h'um ja'a]
jantar (m)	пхьор	[phɔr]
jantar (vi)	пхьор дан	[phɔr dan]
apetite (m)	аппетит	[appetɪt]
Bom apetite!	ГӀоза дойла!	[ɣɔz dɔiːl]
abrir (~ uma lata, etc.)	схьаела	[shajel]
derramar (~ líquido)	Ӏано	['anɔ]
derramar-se (vr)	Ӏана	['an]
ferver (vi)	кхехка	[qehk]
ferver (vt)	кхехко	[qehkɔ]
fervido (adj)	кхехкийна	[qehkɪːn]
esfriar (vt)	шелдан	[ʃəldan]
esfriar-se (vr)	шелдала	[ʃəldal]
sabor, gosto (m)	чам	[tʃam]
fim (m) de boca	кхин чам	[qɪn tʃam]
emagrecer (vi)	аздала	[azdal]
dieta (f)	диета	[dɪet]
vitamina (f)	втамин	[vtamɪn]
caloria (f)	калорий	[kalɔrɪː]
vegetariano (m)	дилхазахо	[dɪlhazaho]
vegetariano (adj)	дилхаза	[dɪlhaz]
gorduras (f pl)	дилхдаьтта	[dɪlhdætt]
proteínas (f pl)	кӀайн хӀоа	[k'ajn h'ɔ'a]
carboidratos (m pl)	углеводаш	[uglevɔdaʃ]
fatia (~ de limão, etc.)	цастар	[tsastar]
pedaço (~ de bolo)	юьхк	[juhk]
migalha (f), farelo (m)	цуьрг	[tsʉrg]

49. Por a mesa

colher (f)	Ӏайг	['ajg]
faca (f)	урс	[urs]

garfo (m)	мIара	[m'ar]
xícara (f)	кад	[kad]
prato (m)	бошхап	[bɔʃhap]
pires (m)	бошхап	[bɔʃhap]
guardanapo (m)	салфетка	[salfetk]
palito (m)	цергахъIуттург	[tsergah?əutturg]

50. Restaurante

restaurante (m)	ресторан	[rest ɔran]
cafeteria (f)	кофейни	[kɔfejnɪ]
bar (m), cervejaria (f)	бар	[bar]
salão (m) de chá	чайнан салон	[tʃajnan salɔn]
garçom (m)	официант	[ɔfɪtsɪant]
garçonete (f)	официантка	[ɔfɪtsɪantk]
barman (m)	бармен	[barmen]
cardápio (m)	меню	[menʉ]
lista (f) de vinhos	чаIаран карта	[tʃaɣaran kart]
reservar uma mesa	стол цхьанна тIехь чIагIдан	[stɔl tshann t'eh tʃ'aɣdan]
prato (m)	даар	[da'ar]
pedir (vt)	заказ ян	[zakaz jan]
fazer o pedido	заказ ян	[zakaz jan]
aperitivo (m)	аперетив	[aperetɪv]
entrada (f)	тIекхоллург	[t'eqɔllurg]
sobremesa (f)	десерт	[desert]
conta (f)	счёт	[stʃʲot]
pagar a conta	счётан мах бала	[stʃʲotan mah bal]
dar o troco	юхадогIург дала	[juhadɔɣurg dal]
gorjeta (f)	чайнна хIума	[tʃajnn h'um]

Família, parentes e amigos

51. Informação pessoal. Formulários

nome (m)	цIе	[tsʼe]
sobrenome (m)	фамили	[famɪlɪ]
data (f) de nascimento	вина терахь	[wɪn terah]
local (m) de nascimento	вина меттиг	[wɪn mettɪg]
nacionalidade (f)	къам	[qʔam]
lugar (m) de residência	веха меттиг	[weha mettɪg]
país (m)	мохк	[mɔhk]
profissão (f)	говзалла	[gɔvzall]
sexo (m)	стен-боьршалла	[sten børʃall]
estatura (f)	локхалла	[lɔqall]
peso (m)	дозалла	[dɔzall]

52. Membros da família. Parentes

mãe (f)	нана	[nan]
pai (m)	да	[d]
filho (m)	воI	[vɔʕ]
filha (f)	йоI	[jɔʕ]
caçula (f)	жимаха йоI	[ʒɪmaha jɔʕ]
caçula (m)	жимаха воI	[ʒɪmaha vɔʕ]
filha (f) mais velha	йоккхаха йоI	[jɔkqaha jɔʕ]
filho (m) mais velho	воккхаха воI	[vɔkqaha vɔʕ]
irmão (m)	ваша	[vaʃ]
irmã (f)	йиша	[jiʃ]
primo (m)	шича	[ʃɪtʃ]
prima (f)	шича	[ʃɪtʃ]
mamãe (f)	нана	[nan]
papai (m)	дада	[dad]
pais (pl)	да-нана	[də nan]
criança (f)	бер	[ber]
crianças (f pl)	бераш	[beraʃ]
avó (f)	баба	[bab]
avô (m)	дада	[dad]
neto (m)	кIентан, йоIан кIант	[kʼentan], [joʼan kʼant]
neta (f)	кIентан, йоIан йоI	[kʼentan], [joʼan jɔʕ]
netos (pl)	кIентан, йоIан бераш	[kʼentan], [joʼan beraʃ]
tio (m)	ден ваша, ненан ваша	[den vaʃ], [nenan vaʃ]
tia (f)	деца, неца	[dets], [nets]

sobrinho (m)	вешин кӏант, йишин кӏант	[weʃɪn k'ant], [jɪʃɪn k'ant]
sobrinha (f)	вешин йоӏ, йишин йоӏ	[weʃɪn joʕ], [jɪʃɪn joʕ]
sogra (f)	стуннана	[stunnɑn]
sogro (m)	марда	[mɑrd]
genro (m)	нуц	[nuʦ]
madrasta (f)	десте	[deste]
padrasto (m)	ненан майра	[nenɑn mɑjr]
criança (f) de colo	декхаш долу бер	[deqɑʃ dɔlu ber]
bebê (m)	бер	[ber]
menino (m)	жиманиг	[ʒɪmɑnɪg]
mulher (f)	зуда	[zud]
marido (m)	майра	[mɑjr]
esposo (m)	майра	[mɑjr]
esposa (f)	сесаг	[sesɑg]
casado (adj)	зуда ялийна	[zud jɑlɪːn]
casada (adj)	марехь	[mɑreh]
solteiro (adj)	зуда ялоза	[zud jɑlɔz]
solteirão (m)	зуда йоцург	[zud joʦurg]
divorciado (adj)	йитина	[jɪtɪn]
viúva (f)	жеро	[ʒerɔ]
viúvo (m)	жера-стаг	[ʒer stɑg]
parente (m)	гергара стаг	[gergɑr stɑg]
parente (m) próximo	юххера гергара стаг	[juher gergɑr stɑg]
parente (m) distante	генара гергара стаг	[genɑr gergɑr stɑg]
parentes (m pl)	гергара нах	[gergɑr nɑh]
órfão (m), órfã (f)	бо	[bɔ]
tutor (m)	верас	[werɑs]
adotar (um filho)	кӏантан хӏотта	[k'ɑntɑn h'ɔtt]
adotar (uma filha)	йоьӏан да хӏотта	[jø'ɑn dɑ h'ɔtt]

53. Amigos. Colegas de trabalho

amigo (m)	доттагӏ	[dɔttɑɣ]
amiga (f)	доттагӏ	[dɔttɑɣ]
amizade (f)	доттагӏалла	[dɔttɑɣall]
ser amigos	доттагӏалла лело	[dɔttɑɣall lelo]
amigo (m)	доттагӏ	[dɔttɑɣ]
amiga (f)	доттагӏ	[dɔttɑɣ]
parceiro (m)	декъашхо	[deqʔaʃho]
chefe (m)	куьйгалхо	[kʉjgalho]
superior (m)	хьаькам	[hækam]
subordinado (m)	муьтӏахь верг	[mʉt'ah werg]
colega (m, f)	коллега	[kɔlleg]
conhecido (m)	вевза стаг	[wevz stɑg]
companheiro (m) de viagem	некъаннакъост	[neqʔannaqʔɔst]

colega (m) de classe	классхо	[klassho]
vizinho (m)	лулахо	[lulaho]
vizinha (f)	лулахо	[lulaho]
vizinhos (pl)	лулахой	[lulahoj]

54. Homem. Mulher

mulher (f)	зуда	[zud]
menina (f)	йоӏ	[joʕ]
noiva (f)	нускал	[nuskal]
bonita, bela (adj)	хаза	[haz]
alta (adj)	лекха зуда	[leq zud]
esbelta (adj)	куц долу зуда	[kuts dɔlu zud]
baixa (adj)	лохачу дегӏахь стаг	[lɔhatʃu deɣah stag]
loira (f)	блондинка	[blɔndɪnk]
morena (f)	брюнетка	[brʉnetk]
de senhora	зударийн	[zudɑrɪːn]
virgem (f)	йоӏстаг	[jo'stag]
grávida (adj)	берахниг	[berahnɪg]
homem (m)	боьрша стаг	[børʃ stag]
loiro (m)	блондин	[blɔndɪn]
moreno (m)	брюнет	[brʉnet]
alto (adj)	лекха	[leq]
baixo (adj)	лохачу дегӏахь стаг	[lɔhatʃu deɣah stag]
rude (adj)	кӏоршаме	[k'ɔrʃame]
atarracado (adj)	воьртала	[vørtal]
robusto (adj)	чӏогӏа	[tʃ'ɔɣ]
forte (adj)	нуьцкъала	[nʉtsqʔal]
força (f)	ницкъ	[nɪtsqʔ]
gordo (adj)	дерстина	[derstɪn]
moreno (adj)	ӏаьржачу аматехь	[ˈærʒatʃu amateh]
esbelto (adj)	куц долу стаг	[kuts dɔlu stag]
elegante (adj)	оьзда	[øzd]

55. Idade

idade (f)	хан	[han]
juventude (f)	къоналла	[qʔɔnall]
jovem (adj)	къона	[qʔɔn]
mais novo (adj)	жимаха	[ʒɪmah]
mais velho (adj)	воккхаха	[vɔkqah]
jovem (m)	къонаниг	[qʔɔnanɪg]
adolescente (m)	кхиазхо	[qɪazho]
rapaz (m)	жима стаг	[ʒɪm stag]

velho (m)	воккха стаг	[vɔqq stag]
velha (f)	йоккха стаг	[jokq stag]

adulto	кхиъна	[qɪʔn]
de meia-idade	юккъерчу шеран	[jukkʔertʃu ʃəran]
idoso, de idade (adj)	хан тlехтилла	[han t'ehtɪll]
velho (adj)	къена	[qʔen]

aposentadoria (f)	пенси	[pensɪ]
aposentar-se (vr)	пенси ваха	[pensɪ vah]
aposentado (m)	пенсионер	[pensɪɔner]

56. Crianças

criança (f)	бер	[ber]
crianças (f pl)	бераш	[beraʃ]
gêmeos (m pl), gêmeas (f pl)	шала дина бераш	[ʃal dɪn beraʃ]

berço (m)	ага	[ag]
chocalho (m)	экарг	[ɛkarg]
fralda (f)	подгузник	[pɔdguznɪk]

chupeta (f), bico (m)	тlapmala	[t'armae]
carrinho (m) de bebê	гlудалкх	[ɣudalq]
jardim (m) de infância	берийн беш	[berɪːn beʃ]
babysitter, babá (f)	баба	[bab]

infância (f)	бералла	[berall]
boneca (f)	тайниг	[tajnɪg]
brinquedo (m)	ловзо хlума	[lɔvzɔ h'um]
jogo (m) de montar	конструктор	[kɔnstruktɔr]

bem-educado (adj)	бакъхьара	[baqʔar]
malcriado (adj)	оьздангалла йоцу	[øzdangall jotsu]
mimado (adj)	боча lамийна	[botʃ 'amɪːn]

ser travesso	харцхьара лела	[hartshar lel]
travesso, traquinas (adj)	вон лела	[vɔn lel]
travessura (f)	харцхьаралла	[hartsharall]
criança (f) travessa	харцхьарниг	[hartsharnɪg]

obediente (adj)	ладугlы	[laduɣu]
desobediente (adj)	ладугlыш доцу	[laduɣuʃ dotsu]

dócil (adj)	кхетаме	[qetame]
inteligente (adj)	хьекъале	[heqʔale]
prodígio (m)	вундеркинд	[vunderkɪnd]

57. Casais. Vida de família

beijar (vt)	барташ даха	[bartaʃ dah]
beijar-se (vr)	обанаш баха	[ɔbanaʃ bah]

família (f)	доьзал	[døzal]
familiar (vida ~)	доьзалан	[døzalan]
casal (m)	шиъ	[ʃɪʔ]
matrimônio (m)	брак	[brak]
lar (m)	цlийнан кхерч	[ts'ɪːnan qertʃ]
dinastia (f)	династи	[dɪnastɪ]
encontro (m)	вовшехкхетар	[vɔvʃəhqetar]
beijo (m)	уба	[ub]
amor (m)	безам	[bezam]
amar (pessoa)	деза	[dez]
amado, querido (adj)	везарг	[wezarg]
ternura (f)	кlеда-мерзалла	[k'ed merzall]
afetuoso (adj)	кlеда-мерза	[k'ed merz]
fidelidade (f)	тешаме хилар	[teʃame hɪlar]
fiel (adj)	тешаме	[teʃame]
cuidado (m)	гlайгlа	[ɣajɣ]
carinhoso (adj)	гlайгlа йолу	[ɣajɣ jolu]
recém-casados (pl)	къона мар-нускал	[qʔɔn mar nuskal]
lua (f) de mel	нускалан хан	[nuskalan han]
casar-se (com um homem)	маре яха	[mare jah]
casar-se (com uma mulher)	зуда яло	[zud jalɔ]
casamento (m)	ловзар	[lɔvzar]
bodas (f pl) de ouro	дашо ловзар	[daʃo lɔvzar]
aniversário (m)	шо кхачар	[ʃɔ qatʃar]
amante (m)	везарг	[wezarg]
amante (f)	езарг	[ezarg]
adultério (m), traição (f)	ямартло	[jamartlɔ]
cometer adultério	ямартло яр	[jamartlɔ jar]
ciumento (adj)	эмгаралле	[ɛmgaralle]
ser ciumento, -a	эмгаралла дан	[ɛmgarall dan]
divórcio (m)	дlасакъастар	[d'asaqʔastar]
divorciar-se (vr)	дlасакъаста	[d'asaqʔast]
brigar (discutir)	эрlап	[ɛɣar]
fazer as pazes	тан	[tan]
juntos (ir ~)	цхьана	[tshan]
sexo (m)	секс	[seks]
felicidade (f)	ирс	[ɪrs]
feliz (adj)	ирсе	[ɪrse]
infelicidade (f)	ирс цахилар	[ɪrs tsahɪlar]
infeliz (adj)	ирс доцу	[ɪrs dɔtsu]

Caráter. Sentimentos. Emoções

58. Sentimentos. Emoções

sentimento (m)	синхаам	[sɪnha'am]
sentimentos (m pl)	синхаамаш	[sɪnha'amaʃ]
sentir (vt)	хаадала	[ha'adal]
fome (f)	мацалла	[matsall]
ter fome	хӀума яаа лаа	[h'um ja'a la'a]
sede (f)	хьогалла	[hɔgall]
ter sede	мала лаа	[mal la'a]
sonolência (f)	наб яр	[nab jar]
estar sonolento	наб ян лаа	[nab jan la'a]
cansaço (m)	гӀелдалар	[ɣeldalar]
cansado (adj)	гӀелделла	[ɣeldell]
ficar cansado	гӀелдала	[ɣeldal]
humor (m)	дог-ойла	[dɔg ɔjl]
tédio (m)	сахьийзар	[sahɪːzar]
entediar-se (vr)	сагатдала	[sagatdal]
reclusão (isolamento)	ша къастар	[ʃ qʔastar]
isolar-se (vr)	ша къаста	[ʃ qʔast]
preocupar (vt)	сагатдан	[sagatdan]
estar preocupado	сагатдан	[sagatdan]
preocupação (f)	сагатдар	[sagatdar]
ansiedade (f)	сагатдар	[sagatdar]
preocupado (adj)	гӀайгӀане	[ɣajɣane]
estar nervoso	дог этӀа	[dɔg etʼ]
entrar em pânico	доха	[dɔh]
esperança (f)	сатуьйсийла	[satɥjsɪːl]
esperar (vt)	догдаха	[dɔgdah]
certeza (f)	тешна хилар	[teʃn hɪlar]
certo, seguro de ...	тешна	[teʃn]
indecisão (f)	тешна цахилар	[teʃn tsahɪlar]
indeciso (adj)	тешна доцу	[teʃn dɔtsu]
bêbado (adj)	вехна	[wehn]
sóbrio (adj)	дахазниг	[dahaznɪg]
fraco (adj)	гӀийла	[ɣɪːl]
feliz (adj)	ирсе	[ɪrse]
assustar (vt)	кхеро	[qerɔ]
fúria (f)	хьерадалар	[heradalar]
ira, raiva (f)	луьралла	[lɥrall]
depressão (f)	депресси	[depressɪ]
desconforto (m)	дискомфорт	[dɪskɔmfɔrt]

conforto (m)	комфорт	[kɔmfɔrt]
arrepender-se (vr)	дагахьбаллам хила	[dagahballam hɪl]
arrependimento (m)	дагахьбаллам	[dagahballam]
azar (m), má sorte (f)	аьтто боцуш хилар	[ætto bɔtsuʃ hɪlar]
tristeza (f)	халахетар	[halahetar]
vergonha (f)	эхь	[ɛh]
alegria (f)	синкъерам	[sɪnqʔeram]
entusiasmo (m)	энтузиазм	[ɛntuzɪazm]
entusiasta (m)	энтузиаст	[ɛntuzɪast]
mostrar entusiasmo	энтузиазм гучаяккха	[ɛntuzɪazm gutʃajakq]

59. Caráter. Personalidade

caráter (m)	амал	[amal]
falha (f) de caráter	эшар	[ɛʃar]
mente, razão (f)	хьекъал	[heqʔal]
consciência (f)	эхь-бехк	[ɛh behk]
hábito, costume (m)	марздеЛларг	[marzdellarg]
habilidade (f)	хьунар хилар	[hunar hɪlar]
saber (~ nadar, etc.)	хаа	[ha'a]
paciente (adj)	собаре	[sɔbare]
impaciente (adj)	собар доцу	[sɔbar dɔtsu]
curioso (adj)	хаа гІерта	[ha'a ɣert]
curiosidade (f)	хаа гІертар	[ha'a ɣertar]
modéstia (f)	эсалалла	[ɛsalall]
modesto (adj)	эсала	[ɛsal]
imodesto (adj)	оьзда доцу	[øzd dɔtsu]
preguiça (f)	мало	[malɔ]
preguiçoso (adj)	мела	[mel]
preguiçoso (m)	малонча	[malɔntʃ]
astúcia (f)	хІилла	[h'ɪll]
astuto (adj)	хІиллане	[h'ɪllane]
desconfiança (f)	цатешам	[tsateʃam]
desconfiado (adj)	тешамза	[teʃamz]
generosidade (f)	комаьршалла	[kɔmærʃall]
generoso (adj)	комаьрша	[kɔmærʃ]
talentoso (adj)	похІме	[pɔh'me]
talento (m)	похІма	[pɔh'm]
corajoso (adj)	майра	[majr]
coragem (f)	майралла	[majrall]
honesto (adj)	дог цІена	[dɔg ts'en]
honestidade (f)	дог цІеналла	[dɔg ts'enall]
prudente, cuidadoso (adj)	ларлуш долу	[larluʃ dɔlu]
valoroso (adj)	майра	[majr]
sério (adj)	ладаме	[ladame]

severo (adj)	къовламе	[qʔɔvlame]
decidido (adj)	хадам боллуш	[hadam bɔlluʃ]
indeciso (adj)	ирке	[ɪrke]
tímido (adj)	стешха	[steʃh]
timidez (f)	стешхалла	[steʃhall]
confiança (f)	тешам	[teʃam]
confiar (vt)	теша	[teʃ]
crédulo (adj)	тешаш долу	[teʃaʃ dɔlu]
sinceramente	даггара	[daggar]
sincero (adj)	даггара	[daggar]
sinceridade (f)	догцӀеналла	[dɔgts'enall]
aberto (adj)	дуьххьал дӀа	[dʉhal d'a]
calmo (adj)	тийна	[tɪːn]
franco (adj)	дог цӀена	[dɔg ts'en]
ingênuo (adj)	дог диллина стаг	[dɔg dɪlɪn stag]
distraído (adj)	тидаме доцу	[tɪdame dɔtsu]
engraçado (adj)	беламе	[belame]
ganância (f)	сутаралла	[sutarall]
ganancioso (adj)	сутара	[sutar]
avarento, sovina (adj)	бӀаьрмециган	[b'ærmetsɪgan]
mal (adj)	вон	[vɔn]
teimoso (adj)	духахьара	[duhahar]
desagradável (adj)	там боцу	[tam bɔtsu]
egoísta (m)	эгоист	[ɛgɔɪst]
egoísta (adj)	эгоизме	[ɛgɔɪzme]
covarde (m)	стешха стаг	[steʃha stag]
covarde (adj)	осала	[ɔsal]

60. O sono. Sonhos

dormir (vi)	наб ян	[nab jan]
sono (m)	наб	[nab]
sonho (m)	гӀан	[ɣan]
sonhar (ver sonhos)	гӀенаш ган	[ɣenaʃ gan]
sonolento (adj)	набаран	[nabaran]
cama (f)	маьнга	[mæng]
colchão (m)	гоь	[gø]
cobertor (m)	юргӀа	[juryˌ]
travesseiro (m)	гӀайба	[ɣajb]
lençol (m)	шаршу	[ʃarʃu]
insônia (f)	наб цахкетар	[nab tsaqetar]
sem sono (adj)	наб йоцу	[nab jotsu]
sonífero (m)	наб йойту молханаш	[nab jojtu mɔlhanaʃ]
tomar um sonífero	наб йойту молханаш мала	[nab jojtu mɔlhanaʃ mal]
estar sonolento	наб ян лаа	[nab jan la'a]
bocejar (vi)	бага гӀетто	[bag ɣettɔ]

ir para a cama	наб я ваха	[nab ja vah]
fazer a cama	мотт билла	[mɔtt bɪll]
adormecer (vi)	наб кхета	[nab qet]
pesadelo (m)	Іаламат	[ˈalamat]
ronco (m)	хар	[har]
roncar (vi)	хур-тІур дан	[hur tʼur dan]
despertador (m)	сомавоккху сахьт	[sɔmavɔkqu saht]
acordar, despertar (vt)	самадаккха	[samadakq]
acordar (vi)	самадала	[samadal]
levantar-se (vr)	хьалаІатта	[halaɣatt]
lavar-se (vr)	дІадиладала	[dʼadɪladal]

61. Humor. Riso. Alegria

humor (m)	белам	[belam]
senso (m) de humor	синхаам	[sɪnhaˈam]
divertir-se (vr)	сакъера	[saqʔer]
alegre (adj)	самукъане	[samuqʔane]
diversão (f)	сакъерар	[saqʔerar]
sorriso (m)	делакъажар	[delaqʔaʒar]
sorrir (vi)	дела къежа	[del qʔeʒ]
começar a rir	деладала	[deladal]
rir (vi)	дела	[del]
riso (m)	белам	[belam]
anedota (f)	анекдот	[anekdɔt]
engraçado (adj)	беламе	[belame]
ridículo, cômico (adj)	беламе	[belame]
brincar (vi)	забарш ян	[zabarʃ jan]
piada (f)	забар	[zabar]
alegria (f)	хазахетар	[hazahetar]
regozijar-se (vr)	хазахета	[hazahet]
alegre (adj)	хазахоьтуьйту	[hazahøtujtu]

62. Discussão, conversação. Parte 1

comunicação (f)	тІекере	[tʼekere]
comunicar-se (vr)	тІекере хила	[tʼekere hɪl]
conversa (f)	къамел	[qʔamel]
diálogo (m)	диалог	[dɪalɔg]
discussão (f)	дискусси	[dɪskussɪ]
debate (m)	къовсам	[qʔɔvsam]
debater (vt)	къийса	[qʔiːs]
interlocutor (m)	къамелхо	[qʔamelho]
tema (m)	тема	[tem]
ponto (m) de vista	хетарг	[hetarg]

opinião (f)	хетарг	[hetarg]
discurso (m)	мотт	[mɔtt]
discussão (f)	дийцаре диллар	[dɪːtsare dɪllar]
discutir (vt)	дийцаре дилла	[dɪːtsare dɪll]
conversa (f)	къамел	[qʔamel]
conversar (vi)	къамел дан	[qʔamel dan]
reunião (f)	дуьхьалдахар	[duhaldahar]
encontrar-se (vr)	вовшахкхета	[vɔvʃahqet]
provérbio (m)	кица	[kɪts]
ditado, provérbio (m)	кица	[kɪts]
adivinha (f)	хӀетал-метал	[h'etal metal]
dizer uma adivinha	хӀетал-метал ала	[h'etal metal al]
senha (f)	пароль	[parɔlj]
segredo (m)	хьулам	[hulam]
juramento (m)	дуй	[duj]
jurar (vi)	дуй баа	[duj ba'a]
promessa (f)	вӀада	[va'd]
prometer (vt)	вӀада дан	[va'd dan]
conselho (m)	хьехам	[heham]
aconselhar (vt)	хьехам бан	[heham ban]
escutar (~ os conselhos)	ладоӀа	[ladɔɣ]
novidade, notícia (f)	керланиг	[kerlanɪg]
sensação (f)	сенсаци	[sensatsɪ]
informação (f)	хабар	[habar]
conclusão (f)	жамӀ	[ʒam']
voz (f)	аз	[az]
elogio (m)	тамехь дош	[tameh dɔʃ]
amável, querido (adj)	безаме	[bezame]
palavra (f)	дош	[dɔʃ]
frase (f)	фраза	[fraz]
resposta (f)	жоп	[ʒɔp]
verdade (f)	бакъдерг	[baqʔderg]
mentira (f)	аьшпаш	[æʃpaʃ]
pensamento (m)	ойла	[ɔjl]
ideia (f)	ойла	[ɔjl]
fantasia (f)	дагадар	[dagadar]

63. Discussão, conversação. Parte 2

estimado, respeitado (adj)	лоруш долу	[lɔruʃ dɔlu]
respeitar (vt)	лара	[lar]
respeito (m)	ларам	[laram]
Estimado ..., Caro ...	хьомсара	[hɔmsar]
apresentar (alguém a alguém)	довзо	[dɔvzɔ]
intenção (f)	дагахь хилар	[dagah hɪlar]

tencionar (~ fazer algo)	ойла хилар	[ɔjl hɪlar]
desejo (de boa sorte)	алар	[alar]
desejar (ex. ~ boa sorte)	ала	[al]
surpresa (f)	цецдалар	[tsetsdalar]
surpreender (vt)	цецдаккха	[tsetsdakq]
surpreender-se (vr)	цецдала	[tsetsdal]
dar (vt)	дала	[dal]
pegar (tomar)	схьаэца	[shaets]
devolver (vt)	юхадерзо	[juhaderzɔ]
retornar (vt)	юхадала	[juhadal]
desculpar-se (vr)	бехк цабиллар деха	[behk tsabɪllar deh]
desculpa (f)	бехк цабиллар	[behk tsabɪllar]
perdoar (vt)	геч дан	[getʃ dan]
falar (vi)	къамел дан	[qʔamel dan]
escutar (vt)	ладогӀа	[ladoɣ]
ouvir até o fim	ладогӀа	[ladoɣ]
entender (compreender)	кхета	[qet]
mostrar (vt)	гайта	[gajt]
olhar para …	хьежа	[heʒ]
chamar (alguém para …)	кхайкха	[qajq]
perturbar (vt)	новкъарло ян	[nɔvqʔarlɔ jan]
entregar (~ em mãos)	дӀадала	[dʼadal]
pedido (m)	дехар	[dehar]
pedir (ex. ~ ajuda)	деха	[deh]
exigência (f)	тӀедожор	[tʼedɔʒɔr]
exigir (vt)	тӀедожо	[tʼedɔʒɔ]
insultar (chamar nomes)	хичаш ян	[hɪtʃaʃ jan]
zombar (vt)	дела	[del]
zombaria (f)	кхардам	[qardam]
alcunha (f), apelido (m)	харц цӀе	[harts tsʼe]
insinuação (f)	къадор	[qʔadɔr]
insinuar (vt)	къедо	[qʔedɔ]
querer dizer	дагахь хила	[dagah hɪl]
descrição (f)	сурт хӀоттор	[surt hʼɔttɔr]
descrever (vt)	сурт хӀотто	[surt hʼɔttɔ]
elogio (m)	хастам	[hastam]
elogiar (vt)	хесто	[hestɔ]
desapontamento (m)	безам балар	[bezam balar]
desapontar (vt)	безам байа	[bezam baj]
desapontar-se (vr)	безам бан	[bezam ban]
suposição (f)	моттар	[mɔttar]
supor (vt)	мотта	[mɔtt]
advertência (f)	лардар	[lardar]
advertir (vt)	лардан	[lardan]

64. Discussão, conversação. Parte 3

convencer (vt)	бертадало	[bertadalɔ]
acalmar (vt)	дог тедан	[dɔg tedɑn]
silêncio (o ~ é de ouro)	вистцахилар	[wɪstʦɑhɪlɑr]
ficar em silêncio	къамел ца дан	[qʔamel ʦ dɑn]
sussurrar (vt)	шабар-шибар дан	[ʃɑbɑr ʃɪbɑr dɑn]
sussurro (m)	шабар-шибар	[ʃɑbɑr ʃɪbɑr]
francamente	дог цIена	[dɔg ʦʼen]
na minha opinião ...	суна хетарехь	[sun hetɑreh]
detalhe (~ da história)	ма-дарра хилар	[mɑ dɑrrɑ hɪlɑr]
detalhado (adj)	ма-дарра	[mɑ dɑrr]
detalhadamente	ма-дарра	[mɑ dɑrr]
dica (f)	дIаалар	[dʼɑʼɑlɑr]
dar uma dica	дIаала	[dʼɑʼɑl]
olhar (m)	бIаьрахьажар	[bʼæroɑhɔʒɑr]
dar uma olhada	хьажа	[hɑʒ]
fixo (olhada ~a)	хийцалуш йоцу	[hɪːʦɑluʃ joʦu]
piscar (vi)	бIаьргаш детта	[bʼærgɑʃ dett]
piscar (vt)	бIаьрг тало	[bʼærg tɑʼɔ]
acenar com a cabeça	корта тало	[kɔrt tɑʼɔ]
suspiro (m)	садаккхар	[sɑdɑkqɑr]
suspirar (vi)	са даккха	[sɑ dɑkq]
estremecer (vi)	тохадала	[tɔhɑdɑl]
gesto (m)	ишар ян	[ɪʃɑr jɑn]
tocar (com as mãos)	дIахьакхадала	[dʼɑhɑqɑdɑl]
agarrar (~ pelo braço)	леца	[leʦ]
bater de leve	детта	[dett]
Cuidado!	Ларло!	[lɑrlɔ]
Sério?	Баккъалла?	[bɑkqʔɑll]
Tem certeza?	Тешна вуй хьо?	[teʃn vuj hɔ]
Boa sorte!	Аьтто хуьлда!	[ættɔ hʉld]
Entendi!	Кхета!	[qet]
Que pena!	Халахета!	[hɑlɑhet]

65. Acordo. Recusa

consentimento (~ mútuo)	резахилар	[rezɑhɪlɑr]
consentir (vi)	реза хила	[rez hɪl]
aprovação (f)	магор	[mɑgɔr]
aprovar (vt)	маго	[mɑgɔ]
recusa (f)	цадалар	[ʦɑdɑlɑr]
negar-se a ...	дуьхьал хила	[dʉhɑl hɪl]
Ótimo!	ЧIорIа дика ду!	[tʃʼɔɣ dɪk du]
Tudo bem!	Дика ду!	[dɪk du]

Português	Checheno	Transcrição
Está bem! De acordo!	Мегар ду!	[megar du]
proibido (adj)	цамагийна	[tsamagɪːn]
é proibido	ца мега	[tsa meg]
é impossível	хила йиш яц	[hɪl jɪʃ jats]
incorreto (adj)	нийса доцу	[niːs dɔtsu]

rejeitar (~ um pedido)	юхатоха	[juhatɔh]
apoiar (vt)	тӏетан	[tʼetan]
aceitar (desculpas, etc.)	тӏеэца	[tʼeɛts]

confirmar (vt)	чӏагӏдан	[tʃʼaɣdan]
confirmação (f)	чӏагӏдар	[tʃʼaɣdar]
permissão (f)	пурба	[purb]
permitir (vt)	магийта	[magɪːt]
decisão (f)	сацам бар	[satsam bar]
não dizer nada	дист ца хила	[dɪst tsa hɪl]

condição (com uma ~)	диллар	[dɪllar]
pretexto (m)	бахьана	[bahan]
elogio (m)	хастам	[hastam]
elogiar (vt)	хестадан	[hestadan]

66. Sucesso. Boa sorte. Insucesso

êxito, sucesso (m)	кхиам	[qɪam]
com êxito	кхиаме	[qɪame]
bem sucedido (adj)	кхиам болу	[qɪam bɔlu]

sorte (fortuna)	аьтто	[ættɔ]
Boa sorte!	Аьтто хуьлда!	[ættɔ hʉld]
de sorte	аьтто болу	[ættɔ bɔlu]
sortudo, felizardo (adj)	аьтто болу	[ættɔ bɔlu]
fracasso (m)	бохам	[bɔham]
pouca sorte (f)	аьтто ца хилар	[ættɔ tsə hɪlar]
azar (m), má sorte (f)	аьтто боцуш хилар	[ættɔ bɔtsuʃ hɪlar]
mal sucedido (adj)	ца даьлла	[tsa dæll]
catástrofe (f)	ирча бохам	[ɪrtʃ bɔham]

orgulho (m)	дозалла	[dɔzall]
orgulhoso (adj)	кура	[kur]
estar orgulhoso, -a	дозалла дан	[dɔzall dan]
vencedor (m)	толамхо	[tɔlamhɔ]
vencer (vi, vt)	тола	[tɔl]
perder (vt)	эша	[ɛʃ]
tentativa (f)	гӏортар	[ɣɔrtar]
tentar (vt)	гӏорта	[ɣɔrt]
chance (m)	хьал	[hal]

67. Conflitos. Emoções negativas

grito (m)	мохь	[mɔh]
gritar (vi)	мохь бетта	[mɔh bett]

começar a gritar	мохь тоха	[mɔh tɔh']
discussão (f)	дов	[dɔv]
brigar (discutir)	эгIар	[ɛɣar]
escândalo (m)	дов	[dɔv]
criar escândalo	девнаш даха	[devnaʃ dah]
conflito (m)	конфликт	[kɔnflɪkt]
mal-entendido (m)	цакхетар	[tsaqetar]

insulto (m)	сийсаздаккхар	[sɪːsazdakqar]
insultar (vt)	сий дайа	[sɪː daj]
insultado (adj)	юьхьаьрж хIоттина	[juh'æærʒ h'ɔttɪn]
ofensa (f)	халахетар	[halahetar]
ofender (vt)	халахетар дан	[halahetar dan]
ofender-se (vr)	халахета	[halahet]

indignação (f)	эргIаддахар	[ɛrɣaddahar]
indignar-se (vr)	эргIаддала	[ɛrɣaddal]
queixa (f)	латкъам	[latqʔam]
queixar-se (vr)	латкъа	[latqʔ]

desculpa (f)	бехк цабиллар	[behk tsabɪllar]
desculpar-se (vr)	бехк цабиллар деха	[behk tsabɪllar deh]
pedir perdão	бехк цабиллар деха	[behk tsabɪllar deh]

crítica (f)	критика	[krɪtɪk]
criticar (vt)	критиковать дан	[krɪtɪkovatʲ dan]
acusação (f)	бехкедар	[behkedar]
acusar (vt)	бехкедан	[behkedan]

vingança (f)	чIир	[tʃ'ɪr]
vingar (vt)	чIир леха	[tʃ'ɪr leh]
vingar-se de	дIадекъа	[d'adeqʔ]

desprezo (m)	цадашар	[tsadaʃar]
desprezar (vt)	ца даша	[tsa daʃ]
ódio (m)	цабезам	[tsabezam]
odiar (vt)	ца деза	[tsa dez]

nervoso (adj)	нервийн	[nervɪːn]
estar nervoso	дог этIа	[dɔg ɛt']
zangado (adj)	оьгIазе	[øɣaze]
zangar (vt)	оьгIаздахийта	[øɣazdahɪːt]

humilhação (f)	кIезиг хетар	[k'ezɪg hetar]
humilhar (vt)	кIезиг хета	[k'ezɪg het]
humilhar-se (vr)	кIезиг хила	[k'ezɪg hɪl]

choque (m)	шовкъ	[ʃovqʔ]
chocar (vt)	юьхьаьржахIотто	[juh'ærʒah'ɔtto]

aborrecimento (m)	цатам	[tsatam]
desagradável (adj)	там боцу	[tam botsu]

medo (m)	кхерам	[qeram]
terrível (tempestade, etc.)	Iаламат чIорла	['alamat tʃ'ɔɣ]
assustador (ex. história ~a)	инзаре	[ɪnzare]

horror (m)	ӏадор	['adɔr]
horrível (crime, etc.)	къемате	[qʔemate]
chorar (vi)	делха	[delh]
começar a chorar	делха	[delh]
lágrima (f)	бӏаьрхи	[bʼærhɪ]
falta (f)	бехк	[behk]
culpa (f)	бехк	[behk]
desonra (f)	эхь	[ɛh]
protesto (m)	дуьхьалхилар	[dʉhalhɪlar]
estresse (m)	стресс	[stress]
perturbar (vt)	новкъарло ян	[nɔvqʔarlɔ jan]
zangar-se com ...	оьгӏазъэха	[øɣazʔɛh]
zangado (irritado)	вон	[vɔn]
terminar (vt)	дӏасацо	[dʼasatsɔ]
praguejar	дов дан	[dɔv dan]
assustar-se	тила	[tɪl]
golpear (vt)	тоха	[tɔh]
brigar (na rua, etc.)	лета	[let]
resolver (o conflito)	дӏадерзо	[dʼaderzɔ]
descontente (adj)	реза доцу	[rez dɔtsu]
furioso (adj)	буьрса	[bʉrs]
Não está bem!	Хӏара дика дац!	[hʼar dɪk dats]
É ruim!	Хӏара вон ду!	[hʼar vɔn du]

Medicina

68. Doenças

doença (f)	лазар	[lazar]
estar doente	цомгуш хила	[tsomguʃ hɪl]
saúde (f)	могушалла	[mɔguʃall]
nariz (m) escorrendo	шелвалар	[ʃəlvalar]
amigdalite (f)	ангина	[angɪn]
resfriado (m)	шелдалар	[ʃəldalar]
ficar resfriado	шелдала	[ʃəldal]
bronquite (f)	бронхит	[brɔnhɪt]
pneumonia (f)	пехашна хьу кхетар	[pehaʃn hu qetar]
gripe (f)	грипп	[grɪpp]
míope (adj)	бӏорзагал	[b'ɔrzagal]
presbita (adj)	генара гун	[genar gun]
estrabismo (m)	бӏарӏапа хилар	[b'aɣar hɪlar]
estrábico, vesgo (adj)	бӏарӏапа	[b'aɣar]
catarata (f)	бӏаьрган марха	[b'ærgan marh]
glaucoma (m)	глаукома	[glaukɔm]
AVC (m), apoplexia (f)	инсульт	[ɪnsuljt]
ataque (m) cardíaco	дог датӏар	[dɔg dat'ar]
enfarte (m) do miocárdio	миокардан инфаркт	[mɪɔkardan ɪnfarkt]
paralisia (f)	энаш лацар	[ɛnaʃ latsar]
paralisar (vt)	энаша лаца	[ɛnaʃ lats]
alergia (f)	аллергий	[allergɪ:]
asma (f)	астма	[astm]
diabetes (f)	диабет	[dɪabet]
dor (f) de dente	цергийн лазар	[tsergɪ:n lazar]
cárie (f)	кариес	[karɪes]
diarreia (f)	диарея	[dɪarej]
prisão (f) de ventre	чо юкъялар	[tʃɔ juq?jalar]
desarranjo (m) intestinal	чохьлазар	[tʃɔhlazar]
intoxicação (f) alimentar	отравлени	[ɔtravlenɪ]
intoxicar-se	кхачанан отравлени	[qatʃanan ɔtravlenɪ]
artrite (f)	артрит	[artrɪt]
raquitismo (m)	рахит-цамгар	[rahɪt tsamgar]
reumatismo (m)	энаш	[ɛnaʃ]
arteriosclerose (f)	атеросклероз	[aterɔsklerɔz]
gastrite (f)	гастрит	[gastrɪt]
apendicite (f)	сов йоьхь дестар	[sɔv jøh destar]

colecistite (f)	холецистит	[holetsɪstɪt]
úlcera (f)	дал	[daʕ]
sarampo (m)	кхартанаш	[qartanaʃ]
rubéola (f)	хьара	[har]
icterícia (f)	маждар	[maʒdar]
hepatite (f)	гепатит	[gepatɪt]
esquizofrenia (f)	шизофрени	[ʃɪzofrenɪ]
raiva (f)	хьарадалар	[haradalar]
neurose (f)	невроз	[nevrɔz]
contusão (f) cerebral	хье лазор	[he lazɔr]
câncer (m)	дал	[daʕ]
esclerose (f)	склероз	[sklerɔz]
esclerose (f) múltipla	тидаме доцу	[tɪdame dotsu]
alcoolismo (m)	алкоголан цамгар	[alkɔgɔlan tsamgar]
alcoólico (m)	алкоголхо	[alkɔgɔlho]
sífilis (f)	ч1урамцамгар	[tʃ'uramtsamgar]
AIDS (f)	СПИД	[spɪd]
tumor (m)	дестар	[destar]
maligno (adj)	кхераме	[qerame]
benigno (adj)	зуламе доцу	[zulame dotsu]
febre (f)	хорша	[horʃ]
malária (f)	хорша	[horʃ]
gangrena (f)	гангрена	[gangren]
enjoo (m)	х1орд хьахар	[h'ɔrd hahar]
epilepsia (f)	эпилепси	[ɛpɪlepsɪ]
epidemia (f)	ун	[un]
tifo (m)	тиф	[tɪf]
tuberculose (f)	йовхарийн цамгар	[jovharɪːn tsamgar]
cólera (f)	чоьнан ун	[tʃønan un]
peste (f) bubônica	1аьржа ун	['ærʒ un]

69. Sintomas. Tratamentos. Parte 1

sintoma (m)	билгало	[bɪlgalɔ]
temperatura (f)	температура	[temperatur]
febre (f)	лекха температур	[leq temperatur]
pulso (m)	синпха	[sɪnph]
vertigem (f)	корта хьовзар	[kort hɔvzar]
quente (testa, etc.)	довха	[dovh]
calafrio (m)	шелона дегадар	[ʃelɔn degadar]
pálido (adj)	беда	[bed]
tosse (f)	йовхарш	[jovharʃ]
tossir (vi)	йовхарш етта	[jovharʃ ett]
espirrar (vi)	хьоршамаш детта	[horʃamaʃ dett]
desmaio (m)	дог вон хилар	[dɔg vɔn hɪlar]

desmaiar (vi)	дог кӏадделла охьавожа	[dɔg kʼaddell ɔhavɔʒ]
mancha (f) preta	ӏаржdarг	[ˈarʒdarg]
galo (m)	бӏара	[bˈar]
machucar-se (vr)	дӏакхета	[dˈaqet]
contusão (f)	дӏатохар	[dˈatɔhar]
machucar-se (vr)	дӏакхета	[dˈaqet]
mancar (vi)	астагӏлелха	[ˈastaɣlelh]
deslocamento (f)	чуьрдаккхар	[tʃʉrdakqar]
deslocar (vt)	чуьрдаккхар	[tʃʉrdakqar]
fratura (f)	кагdалар	[kagdalar]
fraturar (vt)	кагdар	[kagdar]
corte (m)	хадор	[hadɔr]
cortar-se (vr)	хада	[had]
hemorragia (f)	цӏий эхар	[tsˈɪː ɛhar]
queimadura (f)	дагор	[dagɔr]
queimar-se (vr)	даго	[dagɔ]
picar (vt)	ӏотта	[ˈɔtt]
picar-se (vr)	ӏоттадала	[ˈɔttadal]
lesionar (vt)	лазо	[lazɔ]
lesão (m)	лазор	[lazɔr]
ferida (f), ferimento (m)	чов	[tʃov]
trauma (m)	лазор	[lazɔr]
delirar (vi)	харц лен	[harts len]
gaguejar (vi)	толкха лен	[tɔlq len]
insolação (f)	малх хьахар	[malh hahar]

70. Sintomas. Tratamentos. Parte 2

dor (f)	лазар	[lazar]
farpa (no dedo, etc.)	сирхат	[sɪrhat]
suor (m)	хьацар	[hatsar]
suar (vi)	хьацар дала	[hatsar dal]
vômito (m)	ӏеттор	[ˈettɔr]
convulsões (f pl)	пхенаш озор	[phenaʃ ɔzɔr]
grávida (adj)	берахниг	[berahnɪg]
nascer (vi)	хила	[hɪl]
parto (m)	бер хилар	[ber hɪlar]
dar à luz	бер дар	[ber dar]
aborto (m)	аборт	[abɔrt]
respiração (f)	са дахар	[sa dahar]
inspiração (f)	са чуозар	[sa tʃuɔzar]
expiração (f)	са арахецар	[sa arahetsar]
expirar (vi)	са арахеца	[sa arahets]
inspirar (vi)	са чуоза	[sa tʃuɔz]
inválido (m)	заьӏапхо	[zæˈapho]
aleijado (m)	заьӏапхо	[zæˈapho]

drogado (m)	наркоман	[nɑrkɔmɑn]
surdo (adj)	къора	[qʔɔr]
mudo (adj)	мотт ца хуург	[mɔtt tsɑ hu'urg]
surdo-mudo (adj)	мотт ца хуург	[mɔtt tsɑ hu'urg]
louco, insano (adj)	хьерадьалла	[herɑdʲɑll]
louco (m)	хьераваьлларг	[herɑvællɑrg]
louca (f)	хьерайалларг	[herɑjɑllɑrg]
ficar louco	хьервалар	[hervɑlɑr]
gene (m)	ген	[gen]
imunidade (f)	иммунитет	[ɪmmunɪtet]
congênito (adj)	вешшехь хилла	[weʃəh hɪll]
vírus (m)	вирус	[wɪrus]
micróbio (m)	микроб	[mɪkrɔb]
bactéria (f)	бактери	[bɑkterɪ]
infecção (f)	инфекци	[ɪnfektsɪ]

71. Sintomas. Tratamentos. Parte 3

hospital (m)	больница	[bɔljnɪts]
paciente (m)	пациент	[pɑtsɪent]
diagnóstico (m)	диагноз	[dɪɑgnɔz]
cura (f)	дарбанаш лелор	[dɑrbɑnɑʃ lelɔr]
tratamento (m) médico	дарба лелор	[dɑrb lelɔr]
curar-se (vr)	дарбанаш лелор	[dɑrbɑnɑʃ lelɔr]
tratar (vt)	дарба лело	[dɑrb lelɔ]
cuidar (pessoa)	лело	[lelɔ]
cuidado (m)	лелор	[lelɔr]
operação (f)	этlор	[ɛt'ɔr]
enfaixar (vt)	дlадехка	[d'ɑdehk]
enfaixamento (m)	йоьхкург	[jøhkurg]
vacinação (f)	маха тохар	[mɑhɑ tɔhɑr]
vacinar (vt)	маха тоха	[mɑhɑ tɔh]
injeção (f)	маха тохар	[mɑhɑ tɔhɑr]
dar uma injeção	маха тоха	[mɑhɑ tɔh]
amputação (f)	ампутаци	[ɑmputɑtsɪ]
amputar (vt)	дlадаккха	[d'ɑdɑkq]
coma (f)	кома	[kɔm]
estar em coma	коме хила	[kɔme hɪl]
reanimação (f)	реанимаци	[reɑnɪmɑtsɪ]
recuperar-se (vr)	тодала	[tɔdɑl]
estado (~ de saúde)	хьал	[hɑl]
consciência (perder a ~)	кхетам	[qetɑm]
memória (f)	эс	[ɛs]
tirar (vt)	дlадаккха	[d'ɑdɑkq]
obturação (f)	йома	[jom]

obturar (vt)	йома йилла	[jom jɪll]
hipnose (f)	гипноз	[gɪpnɔz]
hipnotizar (vt)	гипноз ян	[gɪpnɔz jan]

72. Médicos

médico (m)	лор	[lɔr]
enfermeira (f)	лорйиша	[lɔrjɪʃ]
médico (m) pessoal	шен лор	[ʃen lɔr]
dentista (m)	дантист	[dantɪst]
oculista (m)	окулист	[ɔkulɪst]
terapeuta (m)	терапевт	[terapevt]
cirurgião (m)	хирург	[hɪrurg]
psiquiatra (m)	психиатр	[psɪhɪatr]
pediatra (m)	педиатр	[pedɪatr]
psicólogo (m)	психолог	[psɪhɔlɔg]
ginecologista (m)	гинеколог	[gɪnekɔlɔg]
cardiologista (m)	кардиолог	[kardɪɔlɔg]

73. Medicina. Drogas. Acessórios

medicamento (m)	молха	[mɔlh]
remédio (m)	дарба	[darb]
receitar (vt)	дайх диена	[dajh dɪen]
receita (f)	рецепт	[retsept]
comprimido (m)	буьртиг	[bʉrtɪg]
unguento (m)	хьакхар	[haqar]
ampola (f)	ампула	[ampul]
solução, preparado (m)	микстура	[mɪkstur]
xarope (m)	сироп	[sɪrɔp]
cápsula (f)	буьртиг	[bʉrtɪg]
pó (m)	хlур	[h'ur]
atadura (f)	бинт	[bɪnt]
algodão (m)	бамба	[bamb]
iodo (m)	йод	[jod]
curativo (m) adesivo	белхьам	[belham]
conta-gotas (m)	пипетка	[pɪpetk]
termômetro (m)	градусъюстург	[gradusʔʉsturg]
seringa (f)	маха	[mah]
cadeira (f) de rodas	гlудалкх	[ɣudalq]
muletas (f pl)	lасанаш	['asanaʃ]
analgésico (m)	лаза ца войту молханаш	[laz tsa vɔjtu mɔlhanaʃ]
laxante (m)	чуьйнадохуьйтург	[tʃʉjnadɔhʉjturg]
álcool (m)	спирт	[spɪrt]
ervas (f pl) medicinais	дарбанан буц	[darbanan buts]
de ervas (chá ~)	бецан	[betsan]

74. Fumar. Produtos tabágicos

tabaco (m)	тонка	[tɔnk]
cigarro (m)	сигарет	[sɪgaret]
charuto (m)	сигара	[sɪgar]
cachimbo (m)	луьлла	[lʉll]
maço (~ de cigarros)	цигаьркийн ботт	[tsɪgærkiːn bɔtt]

fósforos (m pl)	сирникаш	[sɪrnɪkaʃ]
caixa (f) de fósforos	сирникийн ботт	[sɪrnɪkiːn bɔtt]
isqueiro (m)	цӀетухург	[tsʼetuhurg]
cinzeiro (m)	чимтосург	[tʃɪmtɔsurg]
cigarreira (f)	портсигар	[pɔrtsɪgar]

piteira (f)	муштакх	[muʃtaq]
filtro (m)	луьттург	[lʉtturg]

fumar (vi, vt)	оза	[ɔz]
acender um cigarro	ийза дола	[iːz dɔl]
tabagismo (m)	цигаьрка озар	[tsɪgærk ɔzar]
fumante (m)	цигаьркаузург	[tsɪgærkauzurg]

bituca (f)	цигаьркан юьхьиг	[tsɪgærkan juhɪg]
fumaça (f)	кӀур	[kʼur]
cinza (f)	чим	[tʃɪm]

HABITAT HUMANO

Cidade

75. Cidade. Vida na cidade

cidade (f)	гӀала	[ɣal]
capital (f)	нана-гӀала	[nan ɣal]
aldeia (f)	юрт	[jurt]
mapa (m) da cidade	гӀалин план	[ɣalɪn plan]
centro (m) da cidade	гӀалин юкъ	[ɣalɪn juq?]
subúrbio (m)	гӀалин йист	[ɣalɪn jɪst]
suburbano (adj)	гӀалин йистера	[ɣalɪn jɪster]
periferia (f)	гӀалин йист	[ɣalɪn jɪst]
arredores (m pl)	гӀалин гонахе	[ɣalɪn gɔnahe]
quarteirão (m)	квартал	[kvartal]
quarteirão (m) residencial	нах беха квартал	[nah beha kvartal]
tráfego (m)	лелар	[lelar]
semáforo (m)	светофор	[swetɔfɔr]
transporte (m) público	гӀалара транспорт	[ɣalar transpɔrt]
cruzamento (m)	галморзе	[galmɔrze]
faixa (f)	галморзе	[galmɔrze]
túnel (m) subterrâneo	лаьттан бухара дехьаволийла	[læʔttan buhar dehavɔlɪːl]
cruzar, atravessar (vt)	дехьа вала	[deh val]
pedestre (m)	гӀашло	[ɣaʃlɔ]
calçada (f)	тротуар	[trɔtuar]
ponte (f)	тӀай	[tʼaj]
margem (f) do rio	хийист	[hɪːɪst]
fonte (f)	фонтан	[fɔntan]
alameda (f)	аллей	[allej]
parque (m)	беш	[beʃ]
bulevar (m)	бульвар	[buljvar]
praça (f)	майда	[majd]
avenida (f)	проспект	[prɔspekt]
rua (f)	урам	[uram]
travessa (f)	урамалг	[uramalg]
beco (m) sem saída	кӀажбухе	[kʼaʒbuhe]
casa (f)	цӀа	[tsʼa]
edifício, prédio (m)	гӀишло	[ɣɪʃlɔ]
arranha-céu (m)	стигал-бохь	[stɪgal bɔh]
fachada (f)	хьалхе	[halhe]

telhado (m)	тхов	[thov]
janela (f)	кор	[kɔr]
arco (m)	нартол	[nartɔl]
coluna (f)	колонна	[kɔlɔn]
esquina (f)	маьlиг	[mæ'ɪg]

vitrine (f)	витрина	[wɪtrɪn]
letreiro (m)	гойтург	[gɔjturg]
cartaz (do filme, etc.)	афиша	[afɪʃ]
cartaz (m) publicitário	рекламан плакат	[reklaman plakat]
painel (m) publicitário	рекламан у	[reklaman u]

lixo (m)	нехаш	[nehaʃ]
lata (f) de lixo	урна	[urn]
jogar lixo na rua	нехаш яржо	[nehaʃ jarʒɔ]
aterro (m) sanitário	нехаш дlакхийсуьйла	[nehaʃ d'aqɪːsɥjl]

orelhão (m)	телефонан будка	[telefɔnan budk]
poste (m) de luz	фонаран зlенар	[fɔnaran zʼenar]
banco (m)	гlант	[ɣant]

polícia (m)	полици	[pɔlɪtsɪ]
polícia (instituição)	полици	[pɔlɪtsɪ]
mendigo, pedinte (m)	саrlадоьхург	[saɣadøhurg]
desabrigado (m)	цlа доцу	[tsʼa dɔtsu]

76. Instituições urbanas

loja (f)	туька	[tɥk]
drogaria (f)	аптека	[aptek]
ótica (f)	оптика	[ɔptɪk]
centro (m) comercial	механ центр	[mehan tsentr]
supermercado (m)	супермаркет	[supermarket]

padaria (f)	сурсатийн туька	[sursatɪːn tɥk]
padeiro (m)	пурнхо	[purnhɔ]
pastelaria (f)	кондитерски	[kɔndɪterskɪ]
mercearia (f)	баккхал	[bakqal]
açougue (m)	жижиг духку туька	[ʒɪʒɪg duhku tɥk]

fruteira (f)	хасстоьмийн туька	[hasstømɪːn tɥk]
mercado (m)	базар	[bazar]

cafeteria (f)	кафе	[kafe]
restaurante (m)	ресторан	[restɔran]
bar (m)	йийн туька	[jɪːn tɥk]
pizzaria (f)	пиццерий	[pɪtserɪː]

salão (m) de cabeleireiro	парикмахерски	[parɪkmaherskɪ]
agência (f) dos correios	пошт	[pɔʃt]
lavanderia (f)	химцландар	[hɪmtsʼandar]
estúdio (m) fotográfico	фотоателье	[fɔtɔatelje]
sapataria (f)	мачийн туька	[matʃɪːn tɥk]
livraria (f)	книшкийн туька	[knɪʃkɪːn tɥk]

loja (f) de artigos esportivos	спортан тукка	[spɔrtan tuk]
costureira (m)	бедар таяр	[bedar tajar]
aluguel (m) de roupa	бедарийн прокат	[bedarɪːn prɔkat]
videolocadora (f)	фильман прокат	[fɪljman prɔkat]
circo (m)	цирк	[tsɪrk]
jardim (m) zoológico	дийнатийн парк	[dɪːnatɪːn park]
cinema (m)	кинотеатр	[kɪnɔteatr]
museu (m)	музей	[muzej]
biblioteca (f)	библиотека	[bɪblɪɔtek]
teatro (m)	театр	[teatr]
ópera (f)	опера	[ɔper]
boate (casa noturna)	буьйсанан клуб	[bujsanan klub]
cassino (m)	казино	[kazɪnɔ]
mesquita (f)	маьждиг	[mæʒdɪg]
sinagoga (f)	синагога	[sɪnagɔg]
catedral (f)	килс	[kɪls]
templo (m)	зиярат	[zɪjarat]
igreja (f)	килс	[kɪls]
faculdade (f)	институт	[ɪnstɪtut]
universidade (f)	университет	[unɪwersɪtet]
escola (f)	школа	[ʃkɔl]
prefeitura (f)	префектур	[prefektur]
câmara (f) municipal	мэри	[mɛrɪ]
hotel (m)	хьешийн цIа	[heʃɪːn ts'a]
banco (m)	банк	[bank]
embaixada (f)	векаллат	[wekallat]
agência (f) de viagens	турагенство	[turagenstvɔ]
agência (f) de informações	хаттараллин бюро	[hattarallɪn burɔ]
casa (f) de câmbio	хуьицийла	[hʉɪtsɪːl]
metrô (m)	метро	[metrɔ]
hospital (m)	больница	[bɔljnɪts]
posto (m) de gasolina	бензин дутту колонка	[benzɪn duttu kɔlɔnk]
parque (m) de estacionamento	дIахIоттайойла	[d'ah'ɔttajɔjl]

77. Transportes urbanos

ônibus (m)	автобус	[avtɔbus]
bonde (m) elétrico	трамвай	[tramvaj]
trólebus (m)	троллейбус	[trɔllejbus]
rota (f), itinerário (m)	маршрут	[marʃrut]
número (m)	номер	[nɔmer]
ir de ... (carro, etc.)	даха	[dah]
entrar no ...	тIехаа	[t'eha'a]
descer do ...	охьадосса	[ɔhadɔss]
parada (f)	социйла	[sɔtsɪːl]

próxima parada (f)	роӏепа социйла	[rɔɣer sɔtsɪːl]
terminal (m)	тӏаьххьара социйла	[tʼæhar sɔtsɪːl]
horário (m)	расписани	[raspɪsanɪ]
esperar (vt)	хьежа	[heʒ]

| passagem (f) | билет | [bɪlet] |
| tarifa (f) | билетан мах | [bɪletan mah] |

bilheteiro (m)	кассир	[kassɪr]
controle (m) de passagens	контроль	[kɔntrɔlj]
revisor (m)	контролёр	[kɔntrɔlʲor]

atrasar-se (vr)	тӏаьхьадиса	[tʼæhadɪs]
perder (o autocarro, etc.)	тӏаьхьадиса	[tʼæhadɪs]
estar com pressa	сихадала	[sɪhadal]

táxi (m)	такси	[taksɪ]
taxista (m)	таксист	[taksɪst]
de táxi (ir ~)	таксин тӏехь	[taksɪn tʼeh]
ponto (m) de táxis	такси дӏахӏоттайойла	[taksɪ dʼahʼɔttajojl]
chamar um táxi	таксига кхайкха	[taksɪg qajq]
pegar um táxi	такси лаца	[taksɪ lats]

tráfego (m)	урамашкахула лелар	[uramaʃkahul lelar]
engarrafamento (m)	дӏадукъар	[dʼaduqʔar]
horas (f pl) de pico	юкъелла хан	[juqʔell han]
estacionar (vi)	машина дӏахӏоттар	[maʃɪn dʼahʼɔttar]
estacionar (vt)	машина дӏахӏотто	[maʃɪn dʼahʼɔttɔ]
parque (m) de estacionamento	дӏахӏоттайойла	[dʼahʼɔttajojl]

metrô (m)	метро	[metrɔ]
estação (f)	станци	[stantsɪ]
ir de metrô	метрохь ваха	[metrɔh vahʼ]
trem (m)	цӏерпошт	[tsʼerpɔʃt]
estação (f) de trem	вокзал	[vɔkzal]

78. Turismo

monumento (m)	хӏоллам	[hʼɔllam]
fortaleza (f)	гӏап	[ɣap]
palácio (m)	гӏала	[ɣal]
castelo (m)	гӏала	[ɣal]
torre (f)	бӏов	[bʼɔv]
mausoléu (m)	мавзолей	[mavzɔlej]

arquitetura (f)	архитектура	[arhɪtektur]
medieval (adj)	юккъерчу бӏешерийн	[jukqʔertʃu bʼeʃerɪːn]
antigo (adj)	тамашена	[tamaʃen]
nacional (adj)	къаьмнийн	[qʔæmnɪːn]
famoso, conhecido (adj)	гӏарадаьлла	[ɣaradællʼ]

turista (m)	турист	[turɪst]
guia (pessoa)	гид	[gɪd]
excursão (f)	экскурси	[ɛkskursɪ]

mostrar (vt)	гайта	[gajt]
contar (vt)	дийца	[dɪːts]

encontrar (vt)	каро	[karɔ]
perder-se (vr)	дан	[dan]
mapa (~ do metrô)	схема	[shem]
mapa (~ da cidade)	план	[plan]

lembrança (f), presente (m)	совгӀат	[sɔvɣat]
loja (f) de presentes	совгӀатан туька	[sɔvɣatan tʉk]
tirar fotos, fotografar	сурт даккха	[surt dakq]
fotografar-se (vr)	сурт даккхийта	[surt dakqɪːt]

79. Compras

comprar (vt)	эца	[ɛts]
compra (f)	эцар	[ɛtsar]
fazer compras	х1уманаш эца	[humanaʃ ɛts]
compras (f pl)	эцар	[ɛtsar]

estar aberta (loja)	болх бан	[bɔlh ban]
estar fechada	дӀакъовла	[dʼaqʔɔvl]

calçado (m)	мача	[matʃ]
roupa (f)	бедар	[bedar]
cosméticos (m pl)	косметика	[kɔsmetɪk]
alimentos (m pl)	сурсаташ	[sursataʃ]
presente (m)	совгӀат	[sɔvɣat]

vendedor (m)	йохкархо	[johkarhɔ]
vendedora (f)	йохкархо	[johkarhɔ]

caixa (f)	касса	[kass]
espelho (m)	куьзга	[kʉzg]
balcão (m)	гӀопаста	[ɣɔpast]
provador (m)	примерочни	[prɪmerɔtʃnɪ]

provar (vt)	тӀедуьйхина хьажа	[tʼedujhɪn haʒ]
servir (roupa, caber)	гӀехьа хила	[ɣeh hɪl]
gostar (apreciar)	хазахета	[hazɑhet]

preço (m)	мах	[mɑh]
etiqueta (f) de preço	махло	[mɑhlɔ]
custar (vt)	деха	[deh]
Quanto?	ХӀун доккху?	[hʼun dɔkqu]
desconto (m)	тӀерадаккхар	[tʼeradakqar]

não caro (adj)	деза доцу	[dez dɔtsu]
barato (adj)	дораха	[dɔrah]
caro (adj)	деза	[dez]
É caro	Иза механ деза ду.	[ɪz mehan dez du]

aluguel (m)	прокат	[prɔkat]
alugar (roupas, etc.)	прокатан схьаэца	[prɔkatan shaəts]

| crédito (m) | кредит | [kredɪt] |
| a crédito | кредитан | [kredɪtɑn] |

80. Dinheiro

dinheiro (m)	ахча	[ɑht͡ʃ]
câmbio (m)	хийцар	[hiːtsɑr]
taxa (f) de câmbio	мах	[mɑh]
caixa (m) eletrônico	банкомат	[bɑnkɔmɑt]
moeda (f)	ахча	[ɑht͡ʃ]

| dólar (m) | доллар | [dɔllɑr] |
| euro (m) | евро | [evrɔ] |

lira (f)	лира	[lɪr]
marco (m)	марка	[mɑrk]
franco (m)	франк	[frɑnk]
libra (f) esterlina	стерлингийн фунт	[sterlɪngɪːn funt]
iene (m)	йена	[jen]

dívida (f)	декхар	[deqɑr]
devedor (m)	декхархо	[deqɑrhɔ]
emprestar (vt)	юхалург дала	[juhɑlurg dɑl]
pedir emprestado	юхалург эца	[juhɑlurg ɛts]

banco (m)	банк	[bɑnk]
conta (f)	счёт	[st͡ʃot]
depositar na conta	счёт тӀедилла	[st͡ʃot tʼedɪll]
sacar (vt)	счёт тӀера схьаэца	[st͡ʃot tʼer shɑʼɛts]

cartão (m) de crédito	кредитан карта	[kredɪtɑn kɑrt]
dinheiro (m) vivo	карахь долу ахча	[kɑrɑh dɔlu ɑht͡ʃ]
cheque (m)	чек	[t͡ʃek]
passar um cheque	чёт язъян	[t͡ʃot jazʔjɑn]
talão (m) de cheques	чекан книшка	[t͡ʃekɑn knɪʃk]

carteira (f)	бумаьштиг	[bumæʃtɪg]
niqueleira (f)	бохча	[bɔht͡ʃ]
cofre (m)	сейф	[sejf]

herdeiro (m)	верас	[werɑs]
herança (f)	диснарг	[dɪsnɑrg]
fortuna (riqueza)	бахам	[bɑhɑm]

arrendamento (m)	аренда	[ɑrend]
aluguel (pagar o ~)	петаран мах	[petɑrɑn mɑh]
alugar (vt)	лаца	[lɑts]

preço (m)	мах	[mɑh]
custo (m)	мах	[mɑh]
soma (f)	жамӀ	[ʒɑmʼ]

| gastar (vt) | дайа | [dɑj] |
| gastos (m pl) | харжаш | [hɑrʒɑʃ] |

economizar (vi)	довзо	[dɔvzɔ]
econômico (adj)	девзаш долу	[devzaʃ dɔlu]

pagar (vt)	ахча дала	[ahtʃ dal]
pagamento (m)	алапа далар	[alap dalar]
troco (m)	юхадоᴦӏург	[juhadɔɣurg]

imposto (m)	налог	[nalɔg]
multa (f)	ᴦӏуда	[ɣud]
multar (vt)	ᴦӏуда тоха	[ɣud tɔh]

81. Correios. Serviço postal

agência (f) dos correios	пошт	[pɔʃt]
correio (m)	пошт	[pɔʃt]
carteiro (m)	почтальон	[pɔtʃtalʲɔn]
horário (m)	белхан сахьташ	[belhan sahtaʃ]

carta (f)	кехат	[kehat]
carta (f) registada	заказ дина кехат	[zakaz dın kehat]
cartão (m) postal	открытк	[ɔtkrıtk]
telegrama (m)	телеграмма	[telegramm]
encomenda (f)	посылка	[pɔsılk]
transferência (f) de dinheiro	дӏатесна ахча	[d'atesn ahtʃ]

receber (vt)	схьаэца	[shaetsa]
enviar (vt)	дӏадахьийта	[d'adahı:t]
envio (m)	дӏадахьийтар	[d'adahı:tar]

endereço (m)	адрес	[adres]
código (m) postal	индекс	[ındeks]
remetente (m)	дӏадахьийтинарг	[d'adahı:tınarg]
destinatário (m)	схьаэцархо	[shaetsarhɔ]

nome (m)	цӏе	[ts'e]
sobrenome (m)	фамили	[famılı]

tarifa (f)	тариф	[tarıf]
ordinário (adj)	гуттарлера	[guttarler]
econômico (adj)	кхоаме	[qɔame]

peso (m)	дозалла	[dɔzall]
pesar (estabelecer o peso)	оза	[ɔz]
envelope (m)	ботт	[bɔtt]
selo (m) postal	марка	[mark]

Moradia. Casa. Lar

82. Casa. Habitação

casa (f)	цӀа	[tsʼɑ]
em casa	цӀахь	[tsʼɑh]
pátio (m), quintal (f)	керт	[kert]
cerca, grade (f)	керт	[kert]

tijolo (m)	кибарчиг	[kɪbɑrtʃɪg]
de tijolos	кибарчигийн	[kɪbɑrtʃɪgiːn]
pedra (f)	тӀулг	[tʼulg]
de pedra	тӀулган	[tʼulgɑn]
concreto (m)	бетон	[betɔn]
concreto (adj)	бетонан	[betɔnɑn]

novo (adj)	цӀина	[tsʼɪn]
velho (adj)	тиша	[tɪʃ]
decrépito (adj)	тиша	[tɪʃ]
moderno (adj)	вайн хенан	[vɑjn henɑn]
de vários andares	дукхазза тӀекӀелдина	[duqɑzz tʼekʼeldɪn]
alto (adj)	лекха	[leq]

andar (m)	этаж	[ɛtɑʒ]
de um andar	цхьа этаж йолу	[tshɑ ɛtɑʒ jolu]

térreo (m)	лахара этаж	[lɑhɑr ɛtɑʒ]
andar (m) de cima	лакхара этаж	[lɑqɑr ɛtɑʒ]

telhado (m)	тхов	[thov]
chaminé (f)	биргӀа	[bɪrɣ]

telha (f)	гериг	[gerɪg]
de telha	гериган	[gerɪgɑn]
sótão (m)	чардакх	[tʃɑrdɑq]

janela (f)	кор	[kɔr]
vidro (m)	ангали	[ɑŋgɑlɪ]

parapeito (m)	коран у	[kɔrɑn u]
persianas (f pl)	коран неӨараш	[kɔrɑn neƟɑrɑʃ]

parede (f)	пен	[pen]
varanda (f)	балкон	[bɑlkɔn]
calha (f)	малхбалехьара биргӀа	[mɑlhbɑlehɑr bɪrɣ]

em cima	лакхахь	[lɑqɑh]
subir (vi)	тӀедала	[tʼedɑl]
descer (vi)	охьадан	[ɔhɑdɑn]
mudar-se (vr)	дӀаваха	[dʼɑvɑh]

83. Casa. Entrada. Elevador

entrada (f)	тӀеводийла	[t'evɔdiːl]
escada (f)	лами	[lamɪ]
degraus (m pl)	тӀегӀанаш	[t'eɣanaʃ]
corrimão (m)	перила	[perɪl]
hall (m) de entrada	дуьхьал чоь	[dʉhal tʃø]

caixa (f) de correio	поштан яьшка	[poʃtan jæʃk]
lata (f) do lixo	нехаш кхуьйсу бак	[nehaʃ qʉjsu bak]
calha (f) de lixo	нехашдӀаузург	[nehaʃdauzurg]

elevador (m)	лифт	[lɪft]
elevador (m) de carga	киранан лифт	[kɪranan lɪft]
cabine (f)	лифтан кабин	[lɪftan kabɪn]
pegar o elevador	даха	[dah]

apartamento (m)	петар	[petar]
residentes (pl)	хӀусамхой	[h'usamhoj]
vizinho (m)	лулахо	[lulaho]
vizinha (f)	лулахо	[lulaho]
vizinhos (pl)	лулахой	[lulahoj]

84. Casa. Portas. Fechaduras

porta (f)	неӀ	[neʕ]
portão (m)	ков	[kɔv]
maçaneta (f)	тӀам	[t'am]
destrancar (vt)	дӀайела	[d'ajel]
abrir (vt)	схьайела	[shajel]
fechar (vt)	дӀакъовла	[d'aqʔɔvl]

chave (f)	догӀа	[dɔɣ]
molho (m)	догӀанийн кочар	[dɔɣanɪːn kɔtʃar]
ranger (vi)	цӀийза	[ʦ'ɪːz]
rangido (m)	цӀийзар	[ʦ'ɪːzar]
dobradiça (f)	кӀажа	[k'aʒ]
capacho (m)	кузан цуьрг	[kuzan tsʉrg]

fechadura (f)	догӀа	[dɔɣ]
buraco (m) da fechadura	догӀанан Ӏуьрг	[dɔɣanan 'ʉrg]
barra (f)	гӀуй	[ɣuj]
fecho (ferrolho pequeno)	зайл	[zajl]
cadeado (m)	навесной догӀа	[nawesnoj dɔɣ]

tocar (vt)	детта	[dett]
toque (m)	горгали	[gɔrgalɪ]
campainha (f)	горгали	[gɔrgalɪ]
botão (m)	кнопка	[knɔpk]
batida (f)	тата	[tat]
bater (vi)	детта	[dett]
código (m)	код	[kɔd]
fechadura (f) de código	кодови догӀа	[kɔdɔwɪ dɔɣ]

interfone (m)	домофон	[dɔmɔfɔn]
número (m)	номер	[nɔmer]
placa (f) de porta	гойтург	[gɔjturg]
olho (m) mágico	бlаьрг	[b'ærg]

85. Casa de campo

aldeia (f)	юрт	[jurt]
horta (f)	хасбеш	[hasbeʃ]
cerca (f)	керт	[kert]
cerca (f) de piquete	керт	[kert]
portão (f) do jardim	ринжа	[rɪnʒ]
celeiro (m)	амбар	[ambɑr]
adega (f)	ларма	[lɑrm]
galpão, barracão (m)	божал	[bɔʒɑl]
poço (m)	гIу	[ɣu]
fogão (m)	пеш	[peʃ]
atiçar o fogo	даго	[dagɔ]
lenha (carvão ou ~)	дечиг	[detʃɪg]
acha, lenha (f)	туьппалг	[tʉppalg]
varanda (f)	уче	[utʃe]
alpendre (m)	уче	[utʃe]
degraus (m pl) de entrada	лаба	[lab]
balanço (m)	бираьнчик	[bɪræntʃɪk]

86. Castelo. Palácio

castelo (m)	гIала	[ɣal]
palácio (m)	гIала	[ɣal]
fortaleza (f)	гIап	[ɣap]
muralha (f)	пен	[pen]
torre (f)	бIов	[b'ɔv]
calabouço (m)	коьрта бIов	[kørt b'ɔv]
grade (f) levadiça	хьалаайалун ков	[hala'ajalun kɔv]
passagem (f) subterrânea	лаьттан бухара чекхдолийла	[læt̚tan buhar tʃeqdɔlɪːl]
fosso (m)	саьнгар	[sæŋgar]
corrente, cadeia (f)	зIе	[z'e]
seteira (f)	бIарол	[b'arɔl]
magnífico (adj)	исбаьхьа	[ɪsbæh]
majestoso (adj)	инзара-доккха	[ɪnzar dɔkq]
inexpugnável (adj)	тIекхачалур воцу	[t'eqatʃalur vɔtsu]
medieval (adj)	юккъерчу блешерийн	[jukqʔertʃu b'eʃerɪːn]

87. Apartamento

apartamento (m)	петар	[petar]
quarto, cômodo (m)	чоь	[ʈʃø]
quarto (m) de dormir	дуьйшу чоь	[dɯjʃu ʈʃø]
sala (f) de jantar	столови	[stɔlɔwɪ]
sala (f) de estar	хьешан цIа	[heʃan ts'a]
escritório (m)	кабинет	[kabɪnet]
sala (f) de entrada	сени	[senɪ]
banheiro (m)	ваннан чоь	[vannan ʈʃø]
lavabo (m)	хьаштагIа	[haʃtaɣ]
teto (m)	тхов	[thov]
chão, piso (m)	цIенкъа	[ts'enqʔ]
canto (m)	са	[s]

88. Apartamento. Limpeza

arrumar, limpar (vt)	дIадаха	[d'adah]
guardar (no armário, etc.)	дIадаха	[d'adah]
pó (m)	чан	[ʈʃan]
empoeirado (adj)	ченан	[ʈʃenan]
tirar o pó	чан дIаяккха	[ʈʃan d'ajakq]
aspirador (m)	чанъузург	[ʈʃanʔuzurg]
aspirar (vt)	чанъузург хьакха	[ʈʃanʔuzurg haq]
varrer (vt)	нуй хьакха	[nuj haq]
sujeira (f)	нехаш	[nehaʃ]
arrumação, ordem (f)	къепе	[qʔepe]
desordem (f)	къепе яцар	[qʔepe jatsar]
esfregão (m)	швабра	[ʃvabr]
pano (m), trapo (m)	горгам	[gɔrgam]
vassoura (f)	нуй	[nuj]
pá (f) de lixo	аьшкал	[æʃkal]

89. Mobiliário. Interior

mobiliário (m)	мебель	[mebelj]
mesa (f)	стол	[stɔl]
cadeira (f)	гIант	[ɣant]
cama (f)	маьнга	[mæng]
sofá, divã (m)	диван	[dɪvan]
poltrona (f)	кресло	[kreslɔ]
estante (f)	шкаф	[ʃkaf]
prateleira (f)	терхи	[terhɪ]
guarda-roupas (m)	шкаф	[ʃkaf]
cabide (m) de parede	бедаршъухкург	[bedarʃʔuhkurg]

cabideiro (m) de pé	бедаршъухкург	[bedarʃʔuhkurg]
cômoda (f)	комод	[kɔmɔd]
mesinha (f) de centro	журналан стол	[ʒurnalan stɔl]
espelho (m)	куьзга	[kʉzg]
tapete (m)	куз	[kuz]
tapete (m) pequeno	кузан цуьрг	[kuzan tsʉrg]
lareira (f)	товха	[tɔvh]
vela (f)	чlурам	[tʃʼuram]
castiçal (m)	чlурамхlотторг	[tʃʼuramhɔttɔrg]
cortinas (f pl)	штораш	[ʃtɔraʃ]
papel (m) de parede	обойш	[ɔbɔjʃ]
persianas (f pl)	жалюзаш	[ʒalʉzaʃ]
luminária (f) de mesa	стоьла тlе хlотто лампа	[støl tʼe hʼɔttɔ lamp]
luminária (f) de parede	къуьда	[qʔʉd]
abajur (m) de pé	торшер	[tɔrʃər]
lustre (m)	люстра	[lʉstr]
pé (de mesa, etc.)	ког	[kɔg]
braço, descanso (m)	голаrlорторг	[gɔlaɣɔrtɔrg]
costas (f pl)	букъ	[buqʔ]
gaveta (f)	яьшка	[jæʃk]

90. Quarto de dormir

roupa (f) de cama	чухулаюху хlуманаш	[tʃuhulajuhu hʼumanaʃ]
travesseiro (m)	гlайба	[ɣajb]
fronha (f)	доччар	[lɔtʃar]
cobertor (m)	юрrlа	[jurɣ]
lençol (m)	шаршу	[ʃarʃu]
colcha (f)	меттан шаршу	[mettan ʃarʃu]

91. Cozinha

cozinha (f)	кухни	[kuhnɪ]
gás (m)	газ	[gaz]
fogão (m) a gás	газан плита	[gazan plɪt]
fogão (m) elétrico	электрически плита	[ɛlektrɪtʃeskɪ plɪt]
forno (m)	духовка	[duhovk]
forno (m) de micro-ondas	микроволнови пеш	[mɪkrɔvɔlnɔwɪ peʃ]
geladeira (f)	шелиг	[ʃəlɪg]
congelador (m)	морозильник	[mɔrɔzɪljnɪk]
máquina (f) de lavar louça	пхьеrlаш йулу машина	[pheɣaʃ julu maʃɪn]
moedor (m) de carne	жижигъохьург	[ʒɪʒɪgʔɔhurg]
espremedor (m)	муттадоккхург	[muttadɔkqurg]
torradeira (f)	тостер	[tɔster]
batedeira (f)	миксер	[mɪkser]

máquina (f) de café	къахьокхехкорг	[qʔɑhɔqehkɔrg]
cafeteira (f)	къахьокхехкорг	[qʔɑhɔqehkɔrg]
moedor (m) de café	къахьоахьарг	[qʔɑhɔɑharg]
chaleira (f)	чайник	[ʧajnɪk]
bule (m)	чайник	[ʧajnɪk]
tampa (f)	нeгlap	[neɣɑr]
coador (m) de chá	цаца	[tsɑts]
colher (f)	lайг	['ɑjg]
colher (f) de chá	стаканан lайг	[stɑkɑnɑn 'ɑjg]
colher (f) de sopa	аьчка lайг	['æʧk 'ɑjg]
garfo (m)	мlapa	[m'ɑr]
faca (f)	ypc	[urs]
louça (f)	пхьerlaш	[pheɣɑʃ]
prato (m)	бошхап	[bɔʃhap]
pires (m)	бошхап	[bɔʃhap]
cálice (m)	рюмка	[rʉmk]
copo (m)	стака	[stɑk]
xícara (f)	кад	[kɑd]
açucareiro (m)	шекардухкург	[ʃəkɑrduhkurg]
saleiro (m)	туьхадухкург	[tʉhɑduhkurg]
pimenteiro (m)	бурчъюхкург	[burʧʔʉhkurg]
manteigueira (f)	даьттадуьллург	[dættɑdʉllurg]
panela (f)	яй	[jɑj]
frigideira (f)	зайла	[zɑjl]
concha (f)	чами	[ʧɑmɪ]
coador (m)	луьттар	[lʉttɑr]
bandeja (f)	хедар	[hedɑr]
garrafa (f)	шиша	[ʃɪʃ]
pote (m) de vidro	банка	[bɑnk]
lata (~ de cerveja)	банка	[bɑnk]
abridor (m) de garrafa	схьадоьллург	[shɑdøllurg]
abridor (m) de latas	схьадоьллург	[shɑdøllurg]
saca-rolhas (m)	штопор	[ʃtɔpɔr]
filtro (m)	луьттург	[lʉtturg]
filtrar (vt)	литта	[lɪtt]
lixo (m)	нехаш	[nehɑʃ]
lixeira (f)	нехийн ведар	[nehɪːn wedɑr]

92. Casa de banho

banheiro (m)	ваннан чоь	[vɑnnɑn ʧø]
água (f)	хи	[hɪ]
torneira (f)	кран	[krɑn]
água (f) quente	довха хи	[dɔvhɑ hɪ]
água (f) fria	шийла хи	[ʃɪːl hɪ]

| pasta (f) de dente | цергийн паста | [tsergɪːn past] |
| escovar os dentes | цергаш цlанъян | [tsergaʃ tsʼanʔjan] |

barbear-se (vr)	даша	[daʃ]
espuma (f) de barbear	чопа	[tʃɔp]
gilete (f)	урс	[urs]

lavar (vt)	дила	[dɪl]
tomar banho	дила	[dɪl]
chuveiro (m), ducha (f)	душ	[duʃ]
tomar uma ducha	лийча	[lɪːtʃ]

banheira (f)	ванна	[van]
vaso (m) sanitário	унитаз	[unɪtaz]
pia (f)	раковина	[rakɔwɪn]

| sabonete (m) | саба | [sab] |
| saboneteira (f) | сабадуьллург | [sabadüllurg] |

esponja (f)	хударг	[hudurg]
xampu (m)	шампунь	[ʃampunj]
toalha (f)	гата	[gat]
roupão (m) de banho	оба	[ɔb]

lavagem (f)	диттар	[dɪttar]
lavadora (f) de roupas	хlуманаш юьтту машина	[hʼumanaʃ juttu maʃɪn]
lavar a roupa	чухулаюху хlуманаш йитта	[tʃuhulajuhu hʼumanaʃ jitt]
detergente (m)	хlуманаш юьтту порошок	[hʼumanaʃ juttu pɔrɔʃɔk]

93. Eletrodomésticos

televisor (m)	телевизор	[telewɪzɔr]
gravador (m)	магнитофон	[magnɪtɔfɔn]
videogravador (m)	видеомагнитофон	[wɪdeɔmagnɪtɔfɔn]
rádio (m)	приёмник	[prɪjɔmnɪk]
leitor (m)	плеер	[plɛʼer]

projetor (m)	видеопроектор	[wɪdeɔprɔektɔr]
cinema (m) em casa	цlахь лело кинотеатр	[tsʼah lelɔ kɪnɔteatr]
DVD Player (m)	DVD гойтург	[dɪwɪdɪ gɔjturg]
amplificador (m)	чlарlдийриг	[tʃʼaɣdɪːrɪg]
console (f) de jogos	ловзаран приставка	[lɔvzaran prɪstavk]

câmera (f) de vídeo	видеокамера	[wɪdeɔkamer]
máquina (f) fotográfica	фотоаппарат	[fɔtɔapparat]
câmera (f) digital	цифровой фотоаппарат	[tsɪfrɔvɔj fɔtɔapparat]

aspirador (m)	чанъузург	[tʃanʔuzurg]
ferro (m) de passar	иту	[ɪtu]
tábua (f) de passar	иту хьокху у	[ɪtu hɔqu u]

| telefone (m) | телефон | [telefɔn] |
| celular (m) | мобильни телефон | [mɔbɪljnɪ telefɔn] |

máquina (f) de escrever	зорба туху машина	[zɔrb tuhu maʃɪn]
máquina (f) de costura	чарх	[tʃarh]
microfone (m)	микрофон	[mɪkrɔfɔn]
fone (m) de ouvido	ладугӏургаш	[laduɣurgaʃ]
controle remoto (m)	пульт	[puljt]
CD (m)	компакт-диск	[kɔmpakt dɪsk]
fita (f) cassete	кассета	[kasset]
disco (m) de vinil	пластинка	[plastɪnk]

94. Reparações. Renovação

renovação (f)	таяр	[tajar]
renovar (vt), fazer obras	ремонт яр	[remɔnt jar]
reparar (vt)	ремонт ян	[remɔnt jan]
consertar (vt)	къепе дало	[qʔepe dalɔ]
refazer (vt)	юхадан	[juhadan]
tinta (f)	басар	[basar]
pintar (vt)	басар хьакха	[basar haq]
pintor (m)	басарча	[basartʃ]
pincel (m)	щётка	[ɕʲotk]
cal (f)	кир тоха	[kɪr tɔh]
caiar (vt)	кир тоха	[kɪr tɔh]
papel (m) de parede	обойш	[ɔbɔjʃ]
colocar papel de parede	обойш лато	[ɔbɔjʃ latɔ]
verniz (m)	лак	[lak]
envernizar (vt)	лак хьакха	[lak haq]

95. Canalizações

água (f)	хи	[hɪ]
água (f) quente	довха хи	[dɔvha hɪ]
água (f) fria	шийла хи	[ʃɪːl hɪ]
torneira (f)	кран	[kran]
gota (f)	тӏадам	[tʼadam]
gotejar (vi)	леда	[led]
vazar (vt)	эха	[ɛh]
vazamento (m)	дӏаэхар	[dʼaehar]
poça (f)	ӏам	[ʼam]
tubo (m)	биргӏа	[bɪrɣ]
válvula (f)	пиллиг	[pɪllɪg]
entupir-se (vr)	дукъадала	[duqʔadal]
ferramentas (f pl)	гӏирсаш	[ɣɪrsaʃ]
chave (f) inglesa	галморзахдоккху дӏорӏа	[galmɔrzahdɔkqu dɔɣ]
desenroscar (vt)	схьахьовзо	[shahɔvzɔ]

enroscar (vt)	хьовзо	[hɔvzɔ]
desentupir (vt)	дӀацӀандан	[dʼats'andan]
encanador (m)	сантехник	[santehnɪk]
porão (m)	ор	[ɔr]
rede (f) de esgotos	канализаци	[kanalɪzatsɪ]

96. Fogo. Deflagração

incêndio (m)	цӀе	[tsʼe]
chama (f)	алу	[alu]
faísca (f)	суй	[suj]
fumaça (f)	кӀур	[kʼur]
tocha (f)	хаьштиг	[hæʃtɪg]
fogueira (f)	цӀе	[tsʼe]

gasolina (f)	бензин	[benzɪn]
querosene (m)	мехкадаьтта	[mehkadætt]
inflamável (adj)	догу	[dɔgu]
explosivo (adj)	эккхар кхераме	[ɛkqar qerame]
PROIBIDO FUMAR!	ЦИГАЬРКА ОЗА МЕГАШ ДАЦ!	[tsɪgærk ɔz megaʃ dats]

segurança (f)	кхерамза	[qeramz]
perigo (m)	кхерам	[qeram]
perigoso (adj)	кхераме	[qerame]

incendiar-se (vr)	дата	[dat]
explosão (f)	эккхар	[ɛkqar]
incendiar (vt)	лато	[latɔ]
incendiário (m)	цӀетасархо	[tsʼetasarhɔ]
incêndio (m) criminoso	цӀе йиллар	[tsʼe jɪllar]

flamejar (vi)	алу тийса	[alu tɪːs]
queimar (vi)	догуш хила	[dɔguʃ hɪl]
queimar tudo (vi)	даьгна дӀадала	[dægn dɑladal]

bombeiro (m)	цӀе йоӀу	[tsʼe joju]
caminhão (m) de bombeiros	цӀе йоӀу машина	[tsʼe joju maʃɪn]
corpo (m) de bombeiros	цӀе йоӀу орца	[tsʼe joju ɔrts]
escada (f) extensível	цӀе йоӀу лами	[tsʼe joju lamɪ]

mangueira (f)	марш	[marʃ]
extintor (m)	цӀейойург	[tsʼejojurg]
capacete (m)	каска	[kask]
sirene (f)	сирена	[sɪren]

gritar (vi)	мохь бетта	[mɔh bett]
chamar por socorro	гӀонна кхайкха	[ɣɔnn qajq]
socorrista (m)	кӀелхьардаккхархо	[kʼelhardaqharhɔ]
salvar, resgatar (vt)	кӀелхьардаккха	[kʼelhardakq]

chegar (vi)	дан	[dan]
apagar (vt)	дӀадайа	[dʼadaj]
água (f)	хи	[hɪ]

areia (f)	гӏум	[ɣum]
ruínas (f pl)	къапалг	[qʔapalg]
ruir (vi)	харца	[harts]
desmoronar (vi)	чухарца	[tʃuharts]
desabar (vi)	охьахарца	[ɔhaharts]

| fragmento (m) | кийсиг | [kɪːsɪg] |
| cinza (f) | чим | [tʃɪm] |

| sufocar (vi) | садукъадала | [saduqʔadal] |
| perecer (vi) | хӏаллакьхила | [hʼallakʲhɪl] |

ATIVIDADES HUMANAS

Emprego. Negócios. Parte 1

97. Banca

banco (m)	банк	[bɑnk]
balcão (f)	отделени	[ɔtdelenɪ]
consultor (m) bancário	консультант	[kɔnsuljtɑnt]
gerente (m)	урхалхо	[urhɑlho]
conta (f)	счёт	[stʃot]
número (m) da conta	чотан номер	[tʃotɑn nɔmer]
conta (f) corrente	карара чот	[kɑrɑr tʃot]
conta (f) poupança	накопительни чот	[nɑkɔpɪteljnɪ tʃot]
abrir uma conta	чот схьайелла	[tʃot shɑjell]
fechar uma conta	чот дӀакъовла	[tʃot d'ɑqʔɔvl]
depositar na conta	счёт тӀедилла	[stʃot t'edɪll]
sacar (vt)	счёт тӀера схьаэца	[stʃot t'er shɑ'ɛts]
depósito (m)	диллар	[dɪllɑr]
fazer um depósito	дилла	[dɪll]
transferência (f) bancária	дахьийтар	[dɑhɪːtɑr]
transferir (vt)	дахьийта	[dɑhɪːt]
soma (f)	жамӀ	[ʒɑm']
Quanto?	МелӀ?	[mel]
assinatura (f)	кугь	[kʉg]
assinar (vt)	кугь тало	[kʉg tɑ'ɔ]
cartão (m) de crédito	кредитан карта	[kredɪtɑn kɑrt]
senha (f)	код	[kɔd]
número (m) do cartão de crédito	кредитан картан номер	[kredɪtɑn kɑrtɑn nɔmer]
caixa (m) eletrônico	банкомат	[bɑnkɔmɑt]
cheque (m)	чек	[tʃek]
passar um cheque	чек язъян	[tʃek jɑzʔjɑn]
talão (m) de cheques	чекан книшка	[tʃekɑn knɪʃk]
empréstimo (m)	кредит	[kredɪt]
pedir um empréstimo	кредит дехар	[kredɪt dehɑr]
obter empréstimo	кредит эца	[kredɪt ɛts]
dar um empréstimo	кредит далар	[kredɪt dɑlɑr]
garantia (f)	юкъархилар	[juqʔɑrhɪlɑr]

98. Telefone. Conversação telefônica

telefone (m)	телефон	[telefɔn]
celular (m)	мобильни телефон	[mɔbɪljnɪ telefɔn]
secretária (f) eletrônica	автоответчик	[avtə'otwetʃɪk]
fazer uma chamada	детта	[dett]
chamada (f)	горгали	[gɔrgalɪ]
discar um número	номер эца	[nɔmer ɛts]
Alô!	Алло!	[allɔ]
perguntar (vt)	хатта	[hatt]
responder (vt)	жоп дала	[ʒɔp dal]
ouvir (vt)	хаза	[haz]
bem	дика ду	[dɪk du]
mal	вон ду	[vɔn du]
ruído (m)	новкъарлонаш	[nɔvqʔarlɔnaʃ]
fone (m)	луьлла	[lʉll]
pegar o telefone	луьлла эца	[lʉll ɛts]
desligar (vi)	луьлла охьайилла	[lʉll ɔhajɪll]
ocupado (adj)	мукъа доцу	[muqʔ dɔtsu]
tocar (vi)	етта	[ett]
lista (f) telefônica	телефонан книга	[telefɔnan knɪg]
chamada (f) local	меттигара	[mettɪgar]
de longa distância	гӏаланашна юккъера	[ɣalanaʃn jukqʔer]
internacional (adj)	гӏаланашна юккъера	[ɣalanaʃn jukqʔer]

99. Telefone móvel

celular (m)	мобильни телефон	[mɔbɪljnɪ telefɔn]
tela (f)	дисплей	[dɪsplej]
botão (m)	кнопка	[knɔpk]
cartão SIM (m)	SIM-карта	[sɪm kart]
bateria (f)	батарей	[batarej]
descarregar-se (vr)	кхачадала	[qatʃadal]
carregador (m)	юзаран гӏирс	[juzaran ɣɪrs]
menu (m)	меню	[menʉ]
configurações (f pl)	настройкаш	[nastrɔjkaʃ]
melodia (f)	мукъам	[muqʔam]
escolher (vt)	харжа	[harʒ]
calculadora (f)	калькулятор	[kaljkuljatɔr]
correio (m) de voz	автоответчик	[avtə'otwetʃɪk]
despertador (m)	сомавоккху сахьт	[sɔmavɔkqu saht]
contatos (m pl)	телефонан книга	[telefɔnan knɪg]
mensagem (f) de texto	SMS-хаам	[ɛsɛmɛs ha'am]
assinante (m)	абонент	[abɔnent]

100. Estacionário

caneta (f)	авторучка	[ɑvtɔrutʃk]
caneta (f) tinteiro	перо	[perɔ]
lápis (m)	къолам	[qʔɔlam]
marcador (m) de texto	маркер	[marker]
caneta (f) hidrográfica	фломастер	[flɔmaster]
bloco (m) de notas	блокнот	[blɔknɔt]
agenda (f)	ежедневник	[eʒednevnɪk]
régua (f)	линейка	[lɪnejk]
calculadora (f)	калькулятор	[kaljkuljɑtɔr]
borracha (f)	лаьстиг	[læstɪg]
alfinete (m)	кнопка	[knɔpk]
clipe (m)	маӏар	[maʔar]
cola (f)	клей	[klej]
grampeador (m)	степлер	[stepler]
furador (m) de papel	іуьргашдохург	[ˈʉrgaʃdɔhurg]
apontador (m)	точилк	[tɔtʃɪlk]

Emprego. Negócios. Parte 2

101. Media

jornal (m)	газета	[gazet]
revista (f)	журнал	[ʒurnal]
imprensa (f)	пресса	[press]
rádio (m)	радио	[radɪɔ]
estação (f) de rádio	радиостанци	[radɪɔstantsɪ]
televisão (f)	телевидени	[telewɪdenɪ]
apresentador (m)	телевиденин ведущий	[telewɪdenɪn weduçɪ:]
locutor (m)	диктор	[dɪktɔr]
comentarista (m)	комментархо	[kɔmmentarhɔ]
jornalista (m)	журналист	[ʒurnalɪst]
correspondente (m)	корреспондент	[kɔrrespɔndent]
repórter (m) fotográfico	фотокорреспондент	[fɔtɔkɔrrespɔndent]
repórter (m)	репортёр	[repɔrtʲɔr]
redator (m)	редактор	[redaktɔr]
redator-chefe (m)	коьрта редактор	[kørt redaktɔr]
assinar a ...	яздала	[jazdal]
assinatura (f)	яздар	[jazdar]
assinante (m)	язвалархо	[jazvalarhɔ]
ler (vt)	еша	[eʃ]
leitor (m)	ешархо	[eʃarhɔ]
tiragem (f)	тираж	[tɪraʒ]
mensal (adj)	хlор беттан	[h'ɔr bettan]
semanal (adj)	хlор кlиранан	[h'ɔr k'ɪranan]
número (jornal, revista)	номер	[nɔmer]
recente, novo (adj)	керла	[kerl]
manchete (f)	корта	[kɔrt]
pequeno artigo (m)	билгало	[bɪlgalɔ]
coluna (~ semanal)	рубрика	[rubrɪk]
artigo (m)	статья	[statj]
página (f)	arlo	['aɣɔ]
reportagem (f)	репортаж	[repɔrtaʒ]
evento (festa, etc.)	хилларг	[hɪllarg]
sensação (f)	сенсаци	[sensatsɪ]
escândalo (m)	дов	[dɔv]
escandaloso (adj)	девне	[devne]
grande (adj)	чlорла	[tʃ'ɔɣ]
programa (m)	передача	[peredatʃ]
entrevista (f)	интервью	[ɪntervju]

| transmissão (f) ao vivo | дуьххьал трансляци | [duhal transljatsɪ] |
| canal (m) | канал | [kanal] |

102. Agricultura

agricultura (f)	юртан бахам	[jurtan baham]
camponês (m)	ахархо	[aharhɔ]
camponesa (f)	ахархо	[aharhɔ]
agricultor, fazendeiro (m)	фермер	[fermer]

| trator (m) | трактор | [traktɔr] |
| colheitadeira (f) | комбайн | [kɔmbajn] |

arado (m)	гота	[gɔt]
arar (vt)	аха	[ah]
campo (m) lavrado	охана	[ɔhan]
sulco (m)	харш	[harʃ]

semear (vt)	ден	[den]
plantadeira (f)	хІутосург	[h'utɔsurg]
semeadura (f)	дІадер	[d'ader]

| foice (m) | мангал | [mangal] |
| cortar com foice | мангал хьакха | [mangal haq] |

| pá (f) | бел | [bel] |
| cavar (vt) | ахка | [ahk] |

enxada (f)	метиг	[metɪg]
capinar (vt)	асар дан	[asar dan]
erva (f) daninha	асар	[asar]

regador (m)	хитухург	[hɪtuhurg]
regar (plantas)	хи тоха	[hɪ tɔh]
rega (f)	хи тохар	[hɪ tɔhar]

| forquilha (f) | шада | [ʃad] |
| ancinho (m) | кагтуха | [kagtuh] |

fertilizante (m)	удобрени	[udɔbrenɪ]
fertilizar (vt)	удобрени тасар	[udɔbrenɪ tasar]
estrume, esterco (m)	кхелли	[qellɪ]

campo (m)	аре	[are]
prado (m)	бай	[baj]
horta (f)	хасбеш	[hasbeʃ]
pomar (m)	хасбеш	[hasbeʃ]

pastar (vt)	дажо	[daʒɔ]
pastor (m)	Іу	['u]
pastagem (f)	дежийла	[deʒɪːl]

| pecuária (f) | даьхнилелор | [dæhnɪlelɔr] |
| criação (f) de ovelhas | жалелор | [ʒalelɔr] |

plantação (f)	плантаци	[plantatsɪ]
canteiro (m)	хесалг	[hesalg]
estufa (f)	парник	[parnɪk]
seca (f)	йокъо	[joqʔɔ]
seco (verão ~)	йокъо хӏутту	[joqʔɔ huttu]
cereais (m pl)	буьртиган	[bʉrtɪgan]
colher (vt)	буьртигаш долу	[bʉrtɪgaʃ dɔlu]
moleiro (m)	хьархо	[harhɔ]
moinho (m)	хьера	[her]
moer (vt)	ахьа	[ah]
farinha (f)	дама	[dam]
palha (f)	ча	[tʃ]

103. Construção. Processo de construção

canteiro (m) de obras	гӏишлош йойла	[ɣɪʃlɔʃ jojl]
construir (vt)	дан	[dan]
construtor (m)	гӏишлошъярхо	[ɣɪʃlɔʔjarhɔ]
projeto (m)	проект	[prɔekt]
arquiteto (m)	архитектор	[arhɪtektɔr]
operário (m)	белхало	[belhalɔ]
fundação (f)	бух	[buh]
telhado (m)	тхов	[thov]
estaca (f)	бӏогӏам	[bʼɔɣam]
parede (f)	пен	[pen]
colunas (f pl) de sustentação	арматура	[armatur]
andaime (m)	гӏоьнан ламеш	[ɣønan lameʃ]
concreto (m)	бетон	[betɔn]
granito (m)	гранит	[granɪt]
pedra (f)	тӏулг	[tʼulg]
tijolo (m)	кибарчиг	[kɪbartʃɪg]
areia (f)	гӏум	[ɣum]
cimento (m)	цемент	[tsement]
emboço, reboco (m)	хьахар	[hahar]
emboçar, rebocar (vt)	хьаха	[hah]
tinta (f)	басар	[basar]
pintar (vt)	басар хьакха	[basar haq]
barril (m)	боьшка	[bøʃk]
grua (f), guindaste (m)	чӏинт	[tʃʼɪnt]
erguer (vt)	хьалаайар	[halaˈajar]
baixar (vt)	дахеца	[dˈahets]
buldózer (m)	бульдозер	[buljdɔzer]
escavadora (f)	экскаватор	[ɛkskavatɔr]

caçamba (f)	кхимар	[qɪmɑr]
escavar (vt)	ахка	[ɑhk]
capacete (m) de proteção	каска	[kɑsk]

Profissões e ocupações

104. Procura de emprego. Demissão

trabalho (m)	болх	[bɔlh]
equipe (f)	штат	[ʃtat]
carreira (f)	карьера	[karjer]
perspectivas (f pl)	перспектива	[perspektɪv]
habilidades (f pl)	говзалла	[gɔvzall]
seleção (f)	харжар	[harʒar]
agência (f) de emprego	кадрашха агенталла	[kadraʃha agentall]
currículo (m)	резюме	[rezʉme]
entrevista (f) de emprego	къамел дар	[qʔamel dar]
vaga (f)	ваканси	[vakansɪ]
salário (m)	алапа	[alap]
salário (m) fixo	алапа	[alap]
pagamento (m)	алапа далар	[alap dalar]
cargo (m)	гӀуллакх	[ɣullaq]
dever (do empregado)	декхар	[deqar]
gama (f) de deveres	нах	[nah]
ocupado (adj)	мукъаза	[muqʔaz]
despedir, demitir (vt)	дӀадаккха	[dʼadakq]
demissão (f)	дӀадаккхар	[dʼadakqar]
desemprego (m)	белхазалла	[belhazall]
desempregado (m)	белхазхо	[belhazho]
aposentadoria (f)	пенси	[pensɪ]
aposentar-se (vr)	пенси ваха	[pensɪ vah]

105. Gente de negócios

diretor (m)	директор	[dɪrektɔr]
gerente (m)	урхалхо	[urhalho]
patrão, chefe (m)	куьйгалхо, шеф	[kujgalho], [ʃef]
superior (m)	хьаькам	[hækam]
superiores (m pl)	хьаькамаш	[hækamaʃ]
presidente (m)	паччахь	[patʃah]
chairman (m)	председатель	[predsedatelj]
substituto (m)	когаметтаниг	[kɔgamettanɪg]
assistente (m)	гӀоьнча	[ɣøntʃ]
secretário (m)	секретарь	[sekretarʲ]

secretário (m) pessoal	долахь волу секретарь	[dɔlah vɔlu sekretarʲ]
homem (m) de negócios	бизнесхо	[bɪznesho]
empreendedor (m)	хьуьнарча	[hʉnartʃ]
fundador (m)	диллинарг	[dɪllɪnarg]
fundar (vt)	дилла	[dɪll]
principiador (m)	кхолларxo	[qɔllarhɔ]
parceiro, sócio (m)	декъашхо	[deqʔaʃho]
acionista (m)	акци ерг	[aktsɪ erg]
milionário (m)	миллионхо	[mɪllɪɔnho]
bilionário (m)	миллиардхо	[mɪllɪardho]
proprietário (m)	да	[d]
proprietário (m) de terras	лаьттада	[lættad]
cliente (m)	клиент	[klɪent]
cliente (m) habitual	даимлера клиент	[daɪmler klɪent]
comprador (m)	эцархо	[ɛtsarhɔ]
visitante (m)	оьхург	[øhurg]
profissional (m)	говзанча	[gɔvzantʃ]
perito (m)	эксперт	[ɛkspert]
especialista (m)	говзанча	[gɔvzantʃ]
banqueiro (m)	банкир	[bankɪr]
corretor (m)	брокер	[brɔker]
caixa (m, f)	кассир	[kassɪr]
contador (m)	бухгалтер	[buhgalter]
guarda (m)	хехо	[heho]
investidor (m)	инвестор	[ɪnwestɔr]
devedor (m)	декхархо	[deqarhɔ]
credor (m)	кредитор	[kredɪtɔr]
mutuário (m)	декхархо	[deqarhɔ]
importador (m)	импортхо	[ɪmpɔrtho]
exportador (m)	экспортхо	[ɛkspɔrtho]
produtor (m)	арахоьцург	[arahøtsurg]
distribuidor (m)	дистрибьютор	[dɪstrɪbjʉtɔr]
intermediário (m)	юкъарлонча	[juqʔarlɔntʃ]
consultor (m)	консультант	[kɔnsuljtant]
representante comercial	векал	[wekal]
agente (m)	агент	[agent]
agente (m) de seguros	страховкин агент	[strahovkɪn agent]

106. Profissões de serviços

cozinheiro (m)	кхачанхо	[qatʃanho]
chefe (m) de cozinha	шеф-кхачанхо	[ʃef qatʃanho]
padeiro (m)	пурнхо	[purnho]
barman (m)	бармен	[barmen]

garçom (m)	официант	[ɔfɪtsɪɑnt]
garçonete (f)	официантка	[ɔfɪtsɪɑntk]
advogado (m)	хьехамча	[hehɑmtʃ]
jurista (m)	юрист	[jurɪst]
notário (m)	нотариус	[nɔtɑrɪus]
eletricista (m)	монтер	[mɔnter]
encanador (m)	сантехник	[sɑntehnɪk]
carpinteiro (m)	дечиг-пхьар	[detʃɪg phɑr]
massagista (m)	массажхо	[mɑssɑʒho]
massagista (f)	массажхо	[mɑssɑʒho]
médico (m)	лор	[lɔr]
taxista (m)	таксист	[tɑksɪst]
condutor (automobilista)	шофер	[ʃɔfer]
entregador (m)	курьер	[kurjer]
camareira (f)	хlусамча	[h'usɑmtʃ]
guarda (m)	хехо	[heho]
aeromoça (f)	стюардесса	[stʉɑrdess]
professor (m)	хьехархо	[hehɑrhɔ]
bibliotecário (m)	библиотекахо	[bɪblɪɔtekɑho]
tradutor (m)	талмаж	[tɑlmɑʒ]
intérprete (m)	талмаж	[tɑlmɑʒ]
guia (m)	гид	[gɪd]
cabeleireiro (m)	парикмахер	[pɑrɪkmɑher]
carteiro (m)	почтальон	[pɔtʃtɑljɔn]
vendedor (m)	йохкархо	[johkɑrhɔ]
jardineiro (m)	бешахо	[beʃɑho]
criado (m)	ялхо	[jɑlho]
criada (f)	ялхо	[jɑlho]
empregada (f) de limpeza	цIанонча	[ts'ɑnɔntʃ]

107. Profissões militares e postos

soldado (m) raso	моlапера	[mɔɣɑrer]
sargento (m)	сержант	[serʒɑnt]
tenente (m)	лейтенант	[lejtenɑnt]
capitão (m)	капитан	[kɑpɪtɑn]
major (m)	майор	[mɑjor]
coronel (m)	полковник	[pɔlkɔvnɪk]
general (m)	инарла	[ɪnɑrl]
marechal (m)	маршал	[mɑrʃɑl]
almirante (m)	адмирал	[ɑdmɪrɑl]
militar (m)	тlеман	[t'emɑn]
soldado (m)	салти	[sɑltɪ]
oficial (m)	эпсар	[ɛpsɑr]

comandante (m)	командир	[kɔmandɪr]
guarda (m) de fronteira	дозанхо	[dozanho]
operador (m) de rádio	радиохаамхо	[radɪɔha'amho]
explorador (m)	талламхо	[tallamho]
sapador-mineiro (m)	сапёр	[sapʲor]
atirador (m)	кхоссархо	[qɔssarhɔ]
navegador (m)	штурман	[ʃturman]

108. Oficiais. Padres

rei (m)	паччахь	[patʃah]
rainha (f)	зуда-паччахь	[zud patʃah]
príncipe (m)	принц	[prɪnts]
princesa (f)	принцесса	[prɪntsess]
czar (m)	паччахь	[patʃah]
czarina (f)	зуда-паччахь	[zud patʃah]
presidente (m)	паччахь	[patʃah]
ministro (m)	министр	[mɪnɪstr]
primeiro-ministro (m)	примьер-министр	[prɪmjer mɪnɪstr]
senador (m)	сенатхо	[senathɔ]
diplomata (m)	дипломат	[dɪplɔmat]
cônsul (m)	консул	[kɔnsul]
embaixador (m)	векал	[wekal]
conselheiro (m)	хьехамча	[hehamtʃ]
funcionário (m)	чиновник	[tʃɪnɔvnɪk]
prefeito (m)	префект	[prefekt]
Presidente (m) da Câmara	мэр	[mɛr]
juiz (m)	суьдхо	[sʉdhɔ]
procurador (m)	прокурор	[prɔkurɔr]
missionário (m)	миссионер	[mɪssɪɔner]
monge (m)	монах	[mɔnah]
abade (m)	аббат	[abbat]
rabino (m)	равин	[rawɪn]
vizir (m)	визирь	[wɪzɪrʲ]
xá (m)	шах	[ʃah]
xeique (m)	шайх	[ʃajh]

109. Profissões agrícolas

abelheiro (m)	накхарамозийлелорхо	[naqaramozɪ:lelɔrhɔ]
pastor (m)	Iу	['u]
agrônomo (m)	агроном	[agrɔnɔm]
criador (m) de gado	даьхнийлелорхо	[dæhnɪ:lelɔrhɔ]
veterinário (m)	ветеринар	[weterɪnar]

agricultor, fazendeiro (m)	фермер	[fermer]
vinicultor (m)	чагІардоккхург	[tʃaɣardɔkqurg]
zoólogo (m)	зоолог	[zoʼɔlɔg]
vaqueiro (m)	ковбой	[kɔvbɔj]

110. Profissões artísticas

| ator (m) | актёр | [aktʲor] |
| atriz (f) | актриса | [aktrɪs] |

| cantor (m) | эшархо | [ɛʃarhɔ] |
| cantora (f) | эшархо | [ɛʃarhɔ] |

| bailarino (m) | хелхархо | [helharhɔ] |
| bailarina (f) | хелхархо | [helharhɔ] |

| artista (m) | артист | [artɪst] |
| artista (f) | артист | [artɪst] |

músico (m)	музыкант	[muzɪkant]
pianista (m)	пианист	[pɪanɪst]
guitarrista (m)	гитарча	[gɪtartʃ]

maestro (m)	дирижёр	[dɪrɪʒor]
compositor (m)	композитор	[kɔmpɔzɪtɔr]
empresário (m)	импресарио	[ɪmpresarɪɔ]

diretor (m) de cinema	режиссёр	[reʒɪsʲor]
produtor (m)	продюсер	[prɔdʉser]
roteirista (m)	сценарихо	[stsenarɪhɔ]
crítico (m)	критик	[krɪtɪk]

escritor (m)	яздархо	[jazdarhɔ]
poeta (m)	илланча	[ɪllantʃ]
escultor (m)	скульптор	[skuljptɔr]
pintor (m)	исбаьхьалча	[ɪsbæhaltʃ]

malabarista (m)	жонглёр	[ʒɔnglʲor]
palhaço (m)	жухарг	[ʒuharg]
acrobata (m)	пелхьо	[pelhɔ]
ilusionista (m)	бозбуунча	[bɔzbuʼuntʃ]

111. Várias profissões

médico (m)	лор	[lɔr]
enfermeira (f)	лорийша	[lɔrjɪʃ]
psiquiatra (m)	психиатр	[psɪhɪatr]
dentista (m)	цергийн лор	[tsergɪːn lɔr]
cirurgião (m)	хирург	[hɪrurg]

| astronauta (m) | астронавт | [astrɔnavt] |
| astrônomo (m) | астроном | [astrɔnɔm] |

piloto (m)	кеманхо	[kemanhɔ]
motorista (m)	лелорхо	[lelɔrhɔ]
maquinista (m)	машинхо	[maʃınhɔ]
mecânico (m)	механик	[mehanık]
mineiro (m)	кIорабаккхархо	[k'ɔrabakqarhɔ]
operário (m)	белхало	[belhalɔ]
serralheiro (m)	слесарь	[slesarʲ]
marceneiro (m)	дечка пхьар	[detʃk phar]
torneiro (m)	токарь	[tɔkarʲ]
construtor (m)	гIишлошъярхо	[ɣıʃlɔʃʔjarhɔ]
soldador (m)	латорхо	[latɔrhɔ]
professor (m)	профессор	[prɔfessɔr]
arquiteto (m)	архитектор	[arhıtektɔr]
historiador (m)	историк	[ıstɔrık]
cientista (m)	дешна	[deʃn]
físico (m)	физик	[fızık]
químico (m)	химик	[hımık]
arqueólogo (m)	археолог	[arheɔlɔg]
geólogo (m)	геолог	[geɔlɔg]
pesquisador (cientista)	талламхо	[tallamhɔ]
babysitter, babá (f)	баба	[bab]
professor (m)	хьехархо	[heharhɔ]
redator (m)	редактор	[redaktɔr]
redator-chefe (m)	коьрта редактор	[kørt redaktɔr]
correspondente (m)	корреспондент	[kɔrrespɔndent]
datilógrafa (f)	машинхо	[maʃınhɔ]
designer (m)	дизайнер	[dızajner]
especialista (m) em informática	компьютерхо	[kɔmpjʉterhɔ]
programador (m)	программист	[prɔgrammıst]
engenheiro (m)	инженер	[ınʒener]
marujo (m)	хIордахо	[h'ɔrdahɔ]
marinheiro (m)	хIордахо	[h'ɔrdahɔ]
socorrista (m)	кIелхьардакхархо	[k'elhardaqharhɔ]
bombeiro (m)	цIе йоъу	[ts'e jɔju]
polícia (m)	полици	[pɔlıtsı]
guarda-noturno (m)	хехо	[hehɔ]
detetive (m)	лахарча	[lahartʃ]
funcionário (m) da alfândega	таможхо	[tamɔʒhɔ]
guarda-costas (m)	ларвархо	[larvarhɔ]
guarda (m) prisional	набахтхо	[nabahthɔ]
inspetor (m)	инспектор	[ınspektɔr]
esportista (m)	спортхо	[spɔrthɔ]
treinador (m)	тренер	[trener]
açougueiro (m)	хасапхо	[hasaphɔ]
sapateiro (m)	эткийн пхьар	[ɛtkiːn phar]

| comerciante (m) | совдегар | [sɔvdegar] |
| carregador (m) | киранча | [kɪrantʃ] |

| estilista (m) | модельхо | [mɔdeljho] |
| modelo (f) | модель | [mɔdelj] |

112. Ocupações. Estatuto social

| estudante (~ de escola) | школахо | [ʃkɔlaho] |
| estudante (~ universitária) | студент | [student] |

filósofo (m)	философ	[fɪlɔsɔf]
economista (m)	экономист	[ɛkɔnɔmɪst]
inventor (m)	кхоллархо	[qɔllarhɔ]

desempregado (m)	белхазхо	[belhazho]
aposentado (m)	пенсионер	[pensɪɔner]
espião (m)	шпион	[ʃpɪɔn]

preso, prisioneiro (m)	лаьцна стаг	[læʦn stag]
grevista (m)	забастовкахо	[zabastɔvkaho]
burocrata (m)	бюрократ	[bʉrɔkrat]
viajante (m)	некъахо	[neqʔaho]

| homossexual (m) | гомосексуализмхо | [gɔmɔseksualɪzmho] |
| hacker (m) | хакер | [haker] |

bandido (m)	талорхо	[talɔrhɔ]
assassino (m)	йолах дийнарг	[jolah dɪːnarg]
drogado (m)	наркоман	[narkɔman]
traficante (m)	наркотикаш йохкархо	[narkɔtɪkaʃ johkarhɔ]
prostituta (f)	кхахьпа	[qahp]
cafetão (m)	сутенёр	[sutenʲor]

bruxo (m)	холмачхо	[holmatʃho]
bruxa (f)	холмачхо	[holmatʃho]
pirata (m)	пират	[pɪrat]
escravo (m)	лай	[laj]
samurai (m)	самурай	[samuraj]
selvagem (m)	акха адам	[aq adam]

Desportos

113. Tipos de desportos. Desportistas

esportista (m)	спортхо	[spɔrthɔ]
tipo (m) de esporte	спортан кеп	[spɔrtan kep]
basquete (m)	баскетбол	[basketbɔl]
jogador (m) de basquete	баскетболхо	[basketbɔlhɔ]
beisebol (m)	бейсбол	[bejsbɔl]
jogador (m) de beisebol	бейсболхо	[bejsbɔlhɔ]
futebol (m)	футбол	[futbɔl]
jogador (m) de futebol	футболхо	[futbɔlhɔ]
goleiro (m)	кевнахо	[kevnahɔ]
hóquei (m)	хоккей	[hɔkkej]
jogador (m) de hóquei	хоккейхо	[hɔkkejhɔ]
vôlei (m)	волейбол	[vɔlejbɔl]
jogador (m) de vôlei	волейболхо	[vɔlejbɔlhɔ]
boxe (m)	бокс	[bɔks]
boxeador (m)	боксёр	[bɔksʲor]
luta (f)	латар	[latar]
lutador (m)	латархо	[latarhɔ]
caratê (m)	карате	[karate]
carateca (m)	каратист	[karatɪst]
judô (m)	дзюдо	[dzʉdɔ]
judoca (m)	дзюдоист	[dzʉdɔɪst]
tênis (m)	теннис	[tenɪs]
tenista (m)	теннисхо	[tenɪshɔ]
natação (f)	нека	[nek]
nadador (m)	неканча	[nekantʃ]
esgrima (f)	фехтовани	[fehtɔvanɪ]
esgrimista (m)	фехтовальщик	[fehtɔvaljɕɪk]
xadrez (m)	шахматаш	[ʃahmataʃ]
jogador (m) de xadrez	шахматхо	[ʃahmathɔ]
alpinismo (m)	альпинизм	[aljpɪnɪzm]
alpinista (m)	альпинист	[aljpɪnɪst]
corrida (f)	дадар	[dadar]

corredor (m)	идархо	[ɪdarhɔ]
atletismo (m)	яйн атлетика	[jajn atletɪk]
atleta (m)	атлет	[atlet]

hipismo (m)	говрийн спорт	[gɔvrɪːn spɔrt]
cavaleiro (m)	бере	[bere]

patinação (f) artística	куьцара хехкар	[kʉtsar hehkar]
patinador (m)	фигурахо	[fɪguraho]
patinadora (f)	фигурахо	[fɪguraho]

halterofilismo (m)	еза атлетика	[ez atletɪk]
corrida (f) de carros	автомобилаш хахкар	[avtɔmɔbɪlaʃ hahkar]
piloto (m)	хахкархо	[hahkarhɔ]

ciclismo (m)	вилиспетан спорт	[wɪlɪspetan spɔrt]
ciclista (m)	вилиспетхо	[wɪlɪspethɔ]

salto (m) em distância	дохалла кхийссаваларш	[dɔhall qɪːssavalarʃ]
salto (m) com vara	хьокханца кхоссавалар	[hɔqants qɔssavalar]
atleta (m) de saltos	кхоссаваларxo	[qɔssavalarhɔ]

114. Tipos de desportos. Diversos

futebol (m) americano	америкин футбол	[amerɪkɪn futbɔl]
badminton (m)	бадминтон	[badmɪntɔn]
biatlo (m)	биатлон	[bɪatlɔn]
bilhar (m)	биллиард	[bɪllɪard]

bobsled (m)	бобслей	[bɔbslej]
musculação (f)	бодибилдинг	[bɔdɪbɪldɪng]
polo (m) aquático	хин поло	[hɪn pɔlɔ]
handebol (m)	гандбол	[gandbɔl]
golfe (m)	гольф	[gɔljf]

remo (m)	пийсиг хьакхар	[pɪːsɪg haqar]
mergulho (m)	дайвинг	[dajwɪng]
corrida (f) de esqui	лыжийн хахкар	[lɨʒɪːn hahkar]
tênis (m) de mesa	стоьлан тенис	[stølan tenɪs]

vela (f)	гатанан спорт	[gatanan spɔrt]
rali (m)	ралли	[rallɪ]
rúgbi (m)	регби	[regbɪ]
snowboard (m)	сноуборд	[snɔubɔrd]
arco-e-flecha (m)	секхӀад кхоссар	[sekh'ad qɔssar]

115. Ginásio

barra (f)	штанга	[ʃtang]
halteres (m pl)	гантелаш	[gantelaʃ]
aparelho (m) de musculação	тренажёр	[trenaʒɔr]
bicicleta (f) ergométrica	вилиспетан тренажёр	[wɪlɪspetan trenaʒɔr]

esteira (f) de corrida	бовду некъ	[bɔvdu neq?]
barra (f) fixa	васхал	[vashal]
barras (f pl) paralelas	брусаш	[brusaʃ]
cavalo (m)	конь	[kɔnj]
tapete (m) de ginástica	мат	[mat]
aeróbica (f)	аэробика	[aərɔbɪk]
ioga, yoga (f)	йогалла	[jɔgall]

116. Desportos. Diversos

Jogos (m pl) Olímpicos	олимпан ловзараш	[ɔlɪmpan lɔvzaraʃ]
vencedor (m)	толамхо	[tɔlamhɔ]
vencer (vi)	эшо	[ɛʃɔ]
vencer (vi, vt)	тола	[tɔl]
líder (m)	лидер	[lɪder]
liderar (vt)	лидер хила	[lɪder hɪl]
primeiro lugar (m)	хьалхара меттиг	[halhar mettɪg]
segundo lugar (m)	шолгӏа меттиг	[ʃolɣ mettɪg]
terceiro lugar (m)	кхоалгӏа меттиг	[qoalɣ mettɪg]
medalha (f)	мидал	[mɪdal]
troféu (m)	хӏонс	[h'ɔns]
taça (f)	кубок	[kubɔk]
prêmio (m)	совгӏат	[sɔvɣat]
prêmio (m) principal	коьрта совгӏат	[kørt sɔvɣat]
recorde (m)	рекорд	[rekɔrd]
estabelecer um recorde	рекорд хӏотто	[rekɔrd h'ɔttɔ]
final (m)	финал	[fɪnal]
final (adj)	финалан	[fɪnalan]
campeão (m)	тоьлларг	[tøllarg]
campeonato (m)	чемпионат	[tʃempɪɔnat]
estádio (m)	стадион	[stadɪɔn]
arquibancadas (f pl)	трибуна	[trɪbun]
fã, torcedor (m)	фан, хьажархо	[fan], [haʒarhɔ]
adversário (m)	мостагӏ	[mɔstaɣ]
partida (f)	старт	[start]
linha (f) de chegada	финиш	[fɪnɪʃ]
derrota (f)	эшор	[ɛʃɔr]
perder (vt)	эша	[ɛʃ]
árbitro, juiz (m)	суьдхо	[sʉdhɔ]
júri (m)	жюри	[ʒʉrɪ]
resultado (m)	счёт	[stʃ'ot]
empate (m)	ничья	[nɪtʃj]
empatar (vi)	ничьях ловза	[nɪtʃjah lɔvz]

ponto (m)	очко	[ɔtʃkɔ]
resultado (m) final	хилам	[hɪlam]
intervalo (m)	садаӏар	[sada'ar]
doping (m)	допинг	[dɔpɪng]
penalizar (vt)	гӏуда тоха	[ɣud tɔh]
desqualificar (vt)	дисквалификаци ян	[dɪskvalɪfɪkatsɪ jan]
aparelho, aparato (m)	гӏирс	[ɣɪrs]
dardo (m)	гоьмукъ	[gømuqʔ]
peso (m)	хӏоъ	[h'ɔʔ]
bola (f)	горгал	[gɔrgal]
alvo, objetivo (m)	ӏалашо	['alaʃɔ]
alvo (~ de papel)	гӏакх	[ɣaq]
disparar, atirar (vi)	кхийса	[qɪːs]
preciso (tiro ~)	нийса	[nɪːs]
treinador (m)	тренер	[trener]
treinar (vt)	ӏамо	['amɔ]
treinar-se (vr)	ӏама	['am]
treino (m)	ӏамор	['amɔr]
academia (f) de ginástica	спортзал	[spɔrtzal]
exercício (m)	упражнени	[upraʒnenɪ]
aquecimento (m)	дегӏ хецадалийтар	[deɣ hetsadalɪːtar]

Educação

117. Escola

escola (f)	школа	[ʃkɔl]
diretor (m) de escola	директор	[dɪrektɔr]
aluno (m)	дешархо	[deʃarhɔ]
aluna (f)	дешархо	[deʃarhɔ]
estudante (m)	школахо	[ʃkɔlahɔ]
estudante (f)	школахо	[ʃkɔlahɔ]
ensinar (vt)	хьеха	[heh']
aprender (vt)	Iамо	['amɔ]
decorar (vt)	дагахь Iамо	[dagah 'amɔ]
estudar (vi)	Iама	['am]
estar na escola	Iама	['am]
ir à escola	школе ваха	[ʃkɔle vah]
alfabeto (m)	абат	[abat]
disciplina (f)	предмет	[predmet]
sala (f) de aula	класс	[klass]
lição, aula (f)	урок	[urɔk]
toque (m)	горгали	[gɔrgalɪ]
classe (f)	парта	[part]
quadro (m) negro	классан у	[klassan u]
nota (f)	отметка	[ɔtmetk]
boa nota (f)	дика отметка	[dɪk ɔtmetk]
nota (f) baixa	вон отметка	[vɔn ɔtmetk]
dar uma nota	отметка хIотто	[ɔtmetk h'ɔttɔ]
erro (m)	гIалат	[ɣalat]
errar (vi)	гIалат дан	[ɣalat dan]
corrigir (~ um erro)	нисдан	[nɪsdan]
cola (f)	шпаргалка	[ʃpargalk]
dever (m) de casa	цIера тIедиллар	[tsʼer tʼedɪllar]
exercício (m)	упражнени	[uprаʒnenɪ]
estar presente	хила	[hɪl]
estar ausente	ца хила	[tsa hɪl]
punir (vt)	таIзар дан	[ta'zar dan]
punição (f)	таIзар	[ta'zar]
comportamento (m)	лелар	[lelar]
boletim (m) escolar	дневник	[dnevnɪk]
lápis (m)	къолам	[qʔɔlam]

borracha (f)	лаьстиг	[læstɪg]
giz (m)	мел	[mel]
porta-lápis (m)	гӀутакх	[ɣutɑq]
mala, pasta, mochila (f)	портфель	[pɔrtfelj]
caneta (f)	ручка	[rutʃk]
caderno (m)	тетрадь	[tetradʲ]
livro (m) didático	учебник	[utʃebnɪk]
compasso (m)	циркуль	[tsɪrkulj]
traçar (vt)	дилла	[dɪll]
desenho (m) técnico	чертёж	[tʃertʲoʒ]
poesia (f)	байт	[bɑjt]
de cor	дагахь	[dɑgɑh]
decorar (vt)	дагахь Ӏамо	[dɑgɑh 'ɑmɔ]
férias (f pl)	каникулаш	[kɑnɪkulɑʃ]
estar de férias	каникулашт хилар	[kɑnɪkulɑʃt hɪlɑr]
teste (m), prova (f)	талламан болх	[tɑllɑmɑn bɔlh]
redação (f)	сочинени	[sɔtʃɪnenɪ]
ditado (m)	диктант	[dɪktɑnt]
exame (m), prova (f)	экзамен	[ɛkzɑmen]
fazer prova	экзамен дӀаялар	[ɛkzɑmen d'ɑjɑlɑr]
experiência (~ química)	гӀулч	[ɣultʃ]

118. Colégio. Universidade

academia (f)	академи	[ɑkɑdemɪ]
universidade (f)	университет	[unɪwersɪtet]
faculdade (f)	факультет	[fɑkuljtet]
estudante (m)	студент	[student]
estudante (f)	студентка	[studentk]
professor (m)	хьехархо	[hehɑrhɔ]
auditório (m)	аудитори	[ɑudɪtɔrɪ]
graduado (m)	дешна ваьлларг	[deʃn vællɑrg]
diploma (m)	диплом	[dɪplɔm]
tese (f)	диссертаци	[dɪssertɑtsɪ]
estudo (obra)	таллар	[tɑllɑr]
laboratório (m)	лаборатори	[lɑbɔrɑtɔrɪ]
palestra (f)	лекци	[lektsɪ]
colega (m) de curso	курсахо	[kursɑhɔ]
bolsa (f) de estudos	стипенди	[stɪpendɪ]
grau (m) acadêmico	Ӏилманан дарж	['ɪlmɑnɑn dɑrʒ]

119. Ciências. Disciplinas

matemática (f)	математика	[mɑtemɑtɪk]
álgebra (f)	алгебра	[ɑlgebr]

geometria (f)	геометри	[geɔmetrɪ]
astronomia (f)	астрономи	[astrɔnɔmɪ]
biologia (f)	биологи	[bɪɔlɔgɪ]
geografia (f)	географи	[geɔgrafɪ]
geologia (f)	геологи	[geɔlɔgɪ]
história (f)	истори	[ɪstɔrɪ]

medicina (f)	медицина	[medɪtsɪn]
pedagogia (f)	педагогика	[pedagɔgɪk]
direito (m)	бакъо	[baq?ɔ]

física (f)	физика	[fɪzɪk]
química (f)	хими	[hɪmɪ]
filosofia (f)	философи	[fɪlɔsɔfɪ]
psicologia (f)	психологи	[psɪhɔlɔgɪ]

120. Sistema de escrita. Ortografia

gramática (f)	грамматика	[grammatɪk]
vocabulário (m)	лексика	[leksɪk]
fonética (f)	фонетика	[fɔnetɪk]

substantivo (m)	цӀердош	[tsʼerdɔʃ]
adjetivo (m)	билгалдош	[bɪlgaldɔʃ]
verbo (m)	хандош	[handɔʃ]
advérbio (m)	куцдош	[kutsdɔʃ]

pronome (m)	цӀерметдош	[tsʼermetdɔʃ]
interjeição (f)	айдардош	[ajdardɔʃ]
preposição (f)	предлог	[predlɔg]

raiz (f)	дешан орам	[deʃan ɔram]
terminação (f)	чаккхе	[tʃakqe]
prefixo (m)	дешхьалхе	[deʃhalhe]
sílaba (f)	дешдакъа	[deʃdaq?]
sufixo (m)	суффикс	[suffɪks]

| acento (m) | тохар | [tɔhar] |
| apóstrofo (f) | апостроф | [apɔstrɔf] |

ponto (m)	тӀадам	[tʼadam]
vírgula (f)	цӀоьмалг	[tsʼømalg]
ponto e vírgula (m)	тӀадамца цӀоьмалг	[tʼadamts tsʼømalg]
dois pontos (m pl)	ши тӀадам	[ʃɪ tʼadam]
reticências (f pl)	тӀадамаш	[tʼadamaʃ]

| ponto (m) de interrogação | хаттаран хьаьрк | [hattaran hærk] |
| ponto (m) de exclamação | айдаран хьаьрк | [ajdaran hærk] |

aspas (f pl)	кавычкаш	[kavɪtʃkaʃ]
entre aspas	кавычкаш юккъе	[kavɪtʃkaʃ jukq?e]
parênteses (m pl)	къовларш	[q?ɔvlarʃ]
entre parênteses	къовларш юккъе	[q?ɔvlarʃ jukq?e]
hífen (m)	сизалг	[sɪzalg]

travessão (m)	тиз	[tɪz]
espaço (m)	юкъ	[juqʔ]
letra (f)	элп	[ɛlp]
letra (f) maiúscula	доккха элп	[dɔkq ɛlp]
vogal (f)	мукъа аз	[muqʔ az]
consoante (f)	мукъаза аз	[muqʔaz az]
frase (f)	предложени	[predlɔʒenɪ]
sujeito (m)	подлежащи	[pɔdleʒaɕɪ]
predicado (m)	сказуеми	[skazuemɪ]
linha (f)	могӀа	[mɔɣ]
em uma nova linha	керлачу могӀарепа	[kerlatʃu mɔɣarer]
parágrafo (m)	абзац	[abzats]
palavra (f)	дош	[dɔʃ]
grupo (m) de palavras	дешнийн цхьаьнакхетар	[deʃnɪːn tshænaqetar]
expressão (f)	алар	[alar]
sinônimo (m)	синоним	[sɪnɔnɪm]
antônimo (m)	антоним	[antɔnɪm]
regra (f)	бакъо	[baqʔɔ]
exceção (f)	юкъарадаккхар	[juqʔaradakqar]
correto (adj)	нийса	[nɪːs]
conjugação (f)	хийцар	[hɪːtsar]
declinação (f)	легар	[legar]
caso (m)	дожар	[dɔʒar]
pergunta (f)	хаттар	[hattar]
sublinhar (vt)	билгалдаккха	[bɪlgaldakq]
linha (f) pontilhada	пунктир	[punktɪr]

121. Línguas estrangeiras

língua (f)	мотт	[mɔtt]
língua (f) estrangeira	кхечу мехкийн мотт	[qetʃu mehkɪːn mɔtt]
estudar (vt)	ӀамоӀ	[ˈamɔ]
aprender (vt)	ӀамоӀ	[ˈamɔ]
ler (vt)	еша	[eʃ]
falar (vi)	дийца	[dɪːts]
entender (vt)	кхета	[qet]
escrever (vt)	яздан	[jazdan]
rapidamente	сиха	[sɪh]
devagar, lentamente	меллаша	[mellaʃ]
fluentemente	парӀат	[parɣat]
regras (f pl)	бакъонаш	[baqʔɔnaʃ]
gramática (f)	грамматика	[grammatɪk]
vocabulário (m)	лексика	[leksɪk]
fonética (f)	фонетика	[fɔnetɪk]

livro (m) didático	учебник	[utʃebnɪk]
dicionário (m)	дошам, словарь	[doʃam], [slovarʲ]
manual (m) autodidático	Іамалург	[ˈamalurg]
guia (m) de conversação	къамелІаморг	[qʔamelˈamɔrg]

fita (f) cassete	кассета	[kasset]
videoteipe (m)	видеокассета	[wɪdeɔkasset]
CD (m)	CD	[sɪdɪ]
DVD (m)	DVD	[dɪwɪdɪ]

alfabeto (m)	алфавит	[alfawɪt]
soletrar (vt)	элпашц мотт бийца	[ɛlpaʃts mɔtt biːts]
pronúncia (f)	алар	[alar]

sotaque (m)	акцент	[aktsent]
com sotaque	акцент	[aktsent]
sem sotaque	акцент ца хила	[aktsent tsə hɪl]

| palavra (f) | дош | [dɔʃ] |
| sentido (m) | маьІна | [mæˈn] |

curso (m)	курсаш	[kursaʃ]
inscrever-se (vr)	дІаяздала	[dˈajazdal]
professor (m)	хьехархо	[heharhɔ]

tradução (processo)	дахьийтар	[daxiːtar]
tradução (texto)	гоч дар	[gotʃ dar]
tradutor (m)	талмаж	[talmaʒ]
intérprete (m)	талмаж	[talmaʒ]

| poliglota (m) | полиглот | [pɔlɪglɔt] |
| memória (f) | эс | [ɛs] |

122. Personagens de contos de fadas

| Papai Noel (m) | Санта Клаус | [sant klaus] |
| sereia (f) | хи-аьзни | [hɪ æznɪ] |

bruxo, feiticeiro (m)	бозбуунча	[bozbuˈuntʃ]
fada (f)	бозбуунча	[bozbuˈuntʃ]
mágico (adj)	бозбуунчаллин	[bozbuˈuntʃallɪn]
varinha (f) mágica	шайтІанан гІаж	[ʃajtˈanan ɣaʒ]

| conto (m) de fadas | туьйра | [tɥjr] |
| milagre (m) | Іаламат | [ˈalamat] |

| anão (m) | буьйдолг | [bɥjdɔlg] |
| transformar-se em … | дерза | [derz] |

fantasma (m)	бІарлагІа	[bˈarlaɣ]
fantasma (m)	гІалгІарт	[ɣalart]
monstro (m)	Іаламат	[ˈalamat]
dragão (m)	саьрмик	[særmɪk]
gigante (m)	дІуьтІа	[dˈɥtˈ]

123. Signos do Zodíaco

Áries (f)	Овен	[ɔwen]
Touro (m)	Телец	[telets]
Gêmeos (m pl)	Близнецы	[blɪznetsɪ]
Câncer (m)	Рак	[rak]
Leão (m)	Лев	[lev]
Virgem (f)	Дева	[dev]
Libra (f)	Весы	[wesɪ]
Escorpião (m)	Скорпион	[skɔrpɪɔn]
Sagitário (m)	Стрелец	[strelets]
Capricórnio (m)	Козерог	[kɔzerɔg]
Aquário (m)	Водолей	[vɔdɔlej]
Peixes (pl)	Рыбы	[rɪbɪ]
caráter (m)	амал	[amal]
traços (m pl) do caráter	амаллин башхала	[amallɪn baʃhal]
comportamento (m)	лелар	[lelar]
prever a sorte	пал тийса	[pal tɪːs]
adivinha (f)	палтуьйсург	[paltɥjsurg]
horóscopo (m)	гороскоп	[gɔrɔskɔp]

Artes

124. Teatro

teatro (m)	театр	[teatr]
ópera (f)	опера	[ɔper]
opereta (f)	оперетта	[ɔperett]
balé (m)	балет	[balet]
cartaz (m)	афиша	[afɪʃ]
companhia (f) de teatro	труппа	[trupp]
turnê (f)	гастролаш	[gastrɔlaʃ]
estar em turnê	гастролаш яла	[gastrɔlaʃ jal]
ensaiar (vt)	репетици ян	[repetɪtsɪ jan]
ensaio (m)	репетици	[repetɪtsɪ]
repertório (m)	репертуар	[repertuar]
apresentação (f)	хьожийла	[hɔʒiːl]
espetáculo (m)	спектакль	[spektaklj]
peça (f)	пьеса	[pjes]
entrada (m)	билет	[bɪlet]
bilheteira (f)	билетан касса	[bɪletan kass]
hall (m)	чоь	[tʃø]
vestiário (m)	гардероб	[garderɔb]
senha (f) numerada	номер	[nɔmer]
binóculo (m)	турмал	[turmal]
lanterninha (m)	контролёр	[kɔntrɔlʲor]
plateia (f)	партер	[parter]
balcão (m)	балкон	[balkɔn]
primeiro balcão (m)	бельэтаж	[beljʲætaʒ]
camarote (m)	ложа	[lɔʒ]
fila (f)	моӏа	[mɔɣ]
assento (m)	меттиг	[mettɪg]
público (m)	гулбелларш	[gulbellarʃ]
espectador (m)	хьажархо	[haʒarhɔ]
aplaudir (vt)	тӏараш детта	[tʼaraʃ dett]
aplauso (m)	аплодисменташ	[aplɔdɪsmentaʃ]
ovação (f)	оваци	[ɔvatsɪ]
palco (m)	сцена	[stsen]
cortina (f)	кирхьа	[kɪrh]
cenário (m)	декорации	[dekɔratsɪ]
bastidores (m pl)	кулисаш	[kulɪsaʃ]
cena (f)	сурт	[surt]
ato (m)	дакъа	[daqʔ]
intervalo (m)	антракт	[antrakt]

125. Cinema

ator (m)	актёр	[aktʲor]
atriz (f)	актриса	[aktrɪs]
cinema (m)	кино	[kɪnɔ]
episódio (m)	сери	[serɪ]
filme (m) policial	детектив	[detektɪv]
filme (m) de ação	боевик	[bɔewɪk]
filme (m) de aventuras	хиллачеран фильм	[hɪllatʃeran fɪljm]
filme (m) de ficção científica	фонтазин фильм	[fɔntazɪn fɪljm]
filme (m) de horror	къематин фильм	[qʔematɪn fɪljm]
comédia (f)	кинокомеди	[kɪnɔkɔmedɪ]
melodrama (m)	мелодрама	[melɔdram]
drama (m)	драма	[dram]
filme (m) de ficção	исбаьхьаллин фильм	[ɪsbæhallɪn fɪljm]
documentário (m)	бакъдолчуна тIера фильм	[baqʔdɔltʃun tʲer fɪljm]
desenho (m) animado	мультфильм	[muljtfɪljm]
cinema (m) mudo	аз доцу кино	[az dɔtsu kɪnɔ]
papel (m)	роль	[rɔlj]
papel (m) principal	коьрта роль	[kørt rɔlj]
representar (vt)	лело	[lelɔ]
estrela (f) de cinema	кинозвезда	[kɪnɔzwezd]
conhecido (adj)	гIарадаьлла	[ɣaradæll]
famoso (adj)	гIарадаьлла	[ɣaradæll]
popular (adj)	гIраваьлла	[ɣravæll]
roteiro (m)	сценари	[stsenarɪ]
roteirista (m)	сценарихо	[stsenarɪhɔ]
diretor (m) de cinema	режиссёр	[reʒɪsʲor]
produtor (m)	продюсер	[prɔdɯser]
assistente (m)	ассистент	[assɪstent]
diretor (m) de fotografia	оператор	[ɔperatɔr]
dublê (m)	каскадёр	[kaskadʲor]
filmar (vt)	фильм яккха	[fɪljm jakq]
audição (f)	хьажар	[haʒar]
filmagem (f)	яккхар	[jakqar]
equipe (f) de filmagem	кино йоккху группа	[kɪnɔ jokqu grupp]
set (m) de filmagem	кино йоккху майда	[kɪnɔ jokqu majd]
câmera (f)	кинокамера	[kɪnɔkamer]
cinema (m)	кинотеатр	[kɪnɔteatr]
tela (f)	экран	[ɛkran]
exibir um filme	фильм гайта	[fɪljm gajt]
trilha (f) sonora	аьзнийн дорожк	[æznɪːn dɔrɔʒk]
efeitos (m pl) especiais	леррина эффекташ	[lerrɪn ɛffektaʃ]
legendas (f pl)	субтитраш	[subtɪtraʃ]
crédito (m)	титраш	[tɪtraʃ]
tradução (f)	гоч дар	[gotʃ dar]

126. Pintura

arte (f)	исбаьхьалла	[ɪsbæhall]
belas-artes (f pl)	исбаьхьаллин говзалла	[ɪsbæhallɪn gɔvzall]
galeria (f) de arte	галерей	[galerej]
exibição (f) de arte	сурташ гайтар	[surtaʃ gajtar]
pintura (f)	суьрташ дахкар	[sʉrtaʃ dahkar]
arte (f) gráfica	графика	[grafɪk]
arte (f) abstrata	абстракционизм	[abstraktsɪɔnɪzm]
impressionismo (m)	импрессионизм	[ɪmpressɪɔnɪzm]
pintura (f), quadro (m)	суьрт	[sʉrt]
desenho (m)	сурт	[surt]
cartaz, pôster (m)	плакат	[plakat]
ilustração (f)	иллюстраци	[ɪllʉstratsɪ]
miniatura (f)	миниатюра	[mɪnɪatʉr]
cópia (f)	копи	[kɔpɪ]
reprodução (f)	репродукци	[reprɔduktsɪ]
mosaico (m)	мозаика	[mɔzaɪk]
vitral (m)	витраж	[wɪtraʒ]
afresco (m)	фреска	[fresk]
gravura (f)	огана	[ɔgan]
busto (m)	бюст	[bʉst]
escultura (f)	скульптура	[skuljptur]
estátua (f)	статуя	[statuj]
gesso (m)	гипс	[gɪps]
em gesso (adj)	гипсехь	[gɪpseh]
retrato (m)	портрет	[pɔrtret]
autorretrato (m)	автопортрет	[avtɔpɔrtret]
paisagem (f)	сурт	[surt]
natureza (f) morta	натюрморт	[natʉrmɔrt]
caricatura (f)	карикатура	[karɪkatur]
esboço (m)	сурт	[surt]
tinta (f)	басар	[basar]
aquarela (f)	акварель	[akvarelj]
tinta (f) a óleo	даьтта	[dætt]
lápis (m)	къолам	[qʔɔlam]
tinta (f) nanquim	шекъа	[ʃəqʔ]
carvão (m)	кӀора	[kʼɔr]
desenhar (vt)	сурт дилла	[surt dɪll]
pintar (vt)	сурт дилла	[surt dɪll]
posar (vi)	позе хӀотта	[pɔze hʼɔtt]
modelo (m)	натурахо	[naturahɔ]
modelo (f)	натурахо	[naturahɔ]
pintor (m)	исбаьхьалча	[ɪsbæhaltʃ]
obra (f)	произведени	[prɔɪzwedenɪ]
obra-prima (f)	шедевр	[ʃədevr]

estúdio (m)	пхьалгӀа	[phalɣ]
tela (f)	гата	[gat]
cavalete (m)	мольберт	[mɔljbert]
paleta (f)	палитра	[palɪtr]
moldura (f)	гур	[gur]
restauração (f)	реставраци	[restavratsɪ]
restaurar (vt)	реставраци ян	[restavratsɪ jan]

127. Literatura & Poesia

literatura (f)	литература	[lɪteratur]
autor (m)	автор	[avtɔr]
pseudônimo (m)	псевдоним	[psevdɔnɪm]
livro (m)	книшка	[knɪʃk]
volume (m)	том	[tɔm]
índice (m)	чулацам	[tʃulatsam]
página (f)	агӀо	[ˈaɣɔ]
protagonista (m)	коьрта турпалхо	[kørt turpalho]
autógrafo (m)	автограф	[avtɔgraf]
conto (m)	дийцар	[dɪːtsar]
novela (f)	повесть	[pɔwestʲ]
romance (m)	роман	[rɔman]
obra (f)	сочинени	[sɔtʃɪnenɪ]
fábula (m)	басни	[basnɪ]
romance (m) policial	детектив	[detektɪv]
verso (m)	байт	[bajt]
poesia (f)	поэзи	[pɔɛzɪ]
poema (m)	поэма	[pɔɛm]
poeta (m)	илланча	[ɪllantʃ]
ficção (f)	беллетристика	[belletrɪstɪk]
ficção (f) científica	Ӏилманан фантастика	[ˈɪlmanan fantastɪk]
aventuras (f pl)	хилларг	[hɪllarg]
literatura (f) didática	дешаран литература	[deʃaran lɪteratur]
literatura (f) infantil	берийн литература	[berɪːn lɪteratur]

128. Circo

circo (m)	цирк	[tsɪrk]
circo (m) ambulante	цирк-шапито	[tsɪrk ʃapɪtɔ]
programa (m)	программа	[prɔgramm]
apresentação (f)	хьожийла	[hɔʒɪːl]
número (m)	номер	[nɔmer]
picadeiro (f)	майда	[majd]
pantomima (f)	пантомима	[pantɔmɪm]
palhaço (m)	жухарг	[ʒuharg]

acrobata (m)	пелхьо	[pelhɔ]
acrobacia (f)	пелхьолла	[pelhɔll]
ginasta (m)	гимнастхо	[gɪmnɑstho]
ginástica (f)	гимнастика	[gɪmnɑstɪk]
salto (m) mortal	сальто	[sɑljtɔ]

homem (m) forte	атлет	[ɑtlet]
domador (m)	каralаморхо	[kɑrɑ'amɔrhɔ]
cavaleiro (m) equilibrista	бере	[bere]
assistente (m)	ассистент	[ɑssɪstent]

truque (m)	трюк	[trʉk]
truque (m) de mágica	бозбуунчалла	[bɔzbu'untʃall]
ilusionista (m)	бозбуунча	[bɔzbu'untʃ]

malabarista (m)	жонглёр	[ʒɔnglʲor]
fazer malabarismos	жонглировать дан	[ʒɔnglɪrovatʲ dɑn]
adestrador (m)	каralаморг	[kɑrɑ'amɔrg]
adestramento (m)	каralамор	[kɑrɑ'amɔr]
adestrar (vt)	каralамо	[kɑrɑ'amɔ]

129. Música. Música popular

música (f)	музыка	[muzɪk]
músico (m)	музыкант	[muzɪkɑnt]
instrumento (m) musical	музыкин гӏирс	[muzɪkɪn ɣɪrs]
tocar ...	лакха	[lɑq]

guitarra (f)	гитара	[gɪtɑr]
violino (m)	чӏондарг	[tʃʼɔndɑrg]
violoncelo (m)	виолончель	[wɪɔlɔntʃelj]
contrabaixo (m)	контрабас	[kɔntrɑbɑs]
harpa (f)	арфа	[ɑrf]

piano (m)	пианино	[pɪɑnɪnɔ]
piano (m) de cauda	рояль	[rɔjɑlj]
órgão (m)	орган	[ɔrgɑn]

instrumentos (m pl) de sopro	зурманийн гӏирсаш	[zurmɑnɪːn ɣɪrsɑʃ]
oboé (m)	гобой	[gɔbɔj]
saxofone (m)	саксофон	[sɑksɔfon]
clarinete (m)	кларнет	[klɑrnet]
flauta (f)	флейта	[flejt]
trompete (m)	зурма	[zurm]

| acordeão (m) | кехатпондар | [kehɑtpɔndɑr] |
| tambor (m) | вота | [vɔt] |

dueto (m)	дуэт	[duɛt]
trio (m)	трио	[trɪɔ]
quarteto (m)	квартет	[kvɑrtet]
coro (m)	хор	[hor]
orquestra (f)	оркестр	[ɔrkestr]
música (f) pop	рок-музыка	[rɔk muzɪk]

música (f) rock	рок-музыка	[rɔk muzɪk]
grupo (m) de rock	рок-группа	[rɔk grupp]
jazz (m)	джаз	[dʒaz]

| ídolo (m) | цIу | [tsʼu] |
| fã, admirador (m) | ларамхо | [laramho] |

concerto (m)	концерт	[kɔntsert]
sinfonia (f)	симфони	[sɪmfɔnɪ]
composição (f)	сочинени	[sɔtʃɪnenɪ]
compor (vt)	кхолла	[qɔll]

canto (m)	лакхар	[laqar]
canção (f)	илли	[ɪllɪ]
melodia (f)	мукъам	[muqʔam]
ritmo (m)	ритм	[rɪtm]
blues (m)	блюз	[blʉz]

notas (f pl)	ноташ	[nɔtaʃ]
batuta (f)	гIаж	[ɣaʒ]
arco (m)	чIондаргIа	[tʃʼɔndarɣ]
corda (f)	мерз	[merz]
estojo (m)	ботт	[bɔtt]

Descanso. Entretenimento. Viagens

130. Viagens

turismo (m)	туризм	[turɪzm]
turista (m)	турист	[turɪst]
viagem (f)	араваьлла лелар	[aravæll lelar]
aventura (f)	хилларг	[hɪllarg]
percurso (curta viagem)	дахар	[dahar]
férias (f pl)	отпуск	[ɔtpusk]
estar de férias	отпускехь хилар	[ɔtpuskeh hɪlar]
descanso (m)	садалар	[sada'ar]
trem (m)	цlерпошт	[ts'erpɔʃt]
de trem (chegar ~)	цlерпоштахь	[ts'erpɔʃtah]
avião (m)	кема	[kem]
de avião	кеманца	[kemants]
de carro	машина тlехь	[maʃɪn t'eh]
de navio	кеманца	[kemants]
bagagem (f)	кира	[kɪr]
mala (f)	чамда	[ʧamd]
carrinho (m)	киран гlудакх	[kɪran ɣudaq]
passaporte (m)	паспорт	[pasport]
visto (m)	виза	[wɪz]
passagem (f)	билет	[bɪlet]
passagem (f) aérea	авиабилет	[awɪabɪlet]
guia (m) de viagem	некъгойтург	[neq?gɔjturg]
mapa (m)	карта	[kart]
área (f)	меттиг	[mettɪg]
lugar (m)	меттиг	[mettɪg]
exotismo (m)	экзотика	[ɛkzɔtɪk]
exótico (adj)	экзотикин	[ɛkzɔtɪkɪn]
surpreendente (adj)	тамашена	[tamaʃən]
grupo (m)	группа	[grupp]
excursão (f)	экскурси	[ɛkskursɪ]
guia (m)	экскурсилелорхо	[ɛkskursɪlelɔrhɔ]

131. Hotel

hotel (m)	хьешийн цlа	[heʃɪ:n ts'a]
motel (m)	мотель	[mɔtelj]
três estrelas	кхо седа	[qø sed]

cinco estrelas	пхи седа	[phɪ sed]
ficar (vi, vt)	саца	[sɑʦ]

quarto (m)	номер	[nɔmer]
quarto (m) individual	цхьа меттиг йолу номер	[ʦhɑ mettɪg jolu nɔmer]
quarto (m) duplo	шиъ меттиг йолу номер	[ʃɪʔ mettɪg jolu nɔmer]
reservar um quarto	номер бронь ян	[nɔmer brɔnj jɑn]

meia pensão (f)	полупансион	[pɔlupɑnsɪɔn]
pensão (f) completa	йиззина пансион	[jɪzzɪn pɑnsɪɔn]

com banheira	ваннер	[vɑnner]
com chuveiro	душер	[duʃer]
televisão (m) por satélite	спутникови телевидени	[sputnɪkɔwɪ telewɪdenɪ]
ar (m) condicionado	кондиционер	[kɔndɪʦɪɔner]
toalha (f)	гата	[gɑt]
chave (f)	догIа	[dɔɣ]

administrador (m)	администратор	[ɑdmɪnɪstrɑtɔr]
camareira (f)	хIусамча	[h'usɑmʧ]
bagageiro (m)	киранхо	[kɪrɑnho]
porteiro (m)	портье	[pɔrtje]

restaurante (m)	ресторан	[restɔrɑn]
bar (m)	бар	[bɑr]
café (m) da manhã	марта	[mɑrt]
jantar (m)	пхьор	[phɔr]
bufê (m)	шведийн стоьл	[ʃwedɪːn støl]

saguão (m)	вестибюль	[westɪbʉlj]
elevador (m)	лифт	[lɪft]

NÃO PERTURBE	МА ХЬЕВЕ	[mɑ hewe]
PROIBIDO FUMAR!	ЦИГАЬРКА ОЗА МЕГАШ ДАЦ!	[ʦɪgærk ɔz megaʃ daʦ]

132. Livros. Leitura

livro (m)	книшка	[knɪʃk]
autor (m)	автор	[ɑvtɔr]
escritor (m)	яздархо	[jɑzdɑrhɔ]
escrever (~ um livro)	язъян	[jɑzʔjɑn]

leitor (m)	ешархо	[eʃɑrhɔ]
ler (vt)	еша	[eʃ]
leitura (f)	ешар	[eʃɑr]

para si	дагахь	[dɑgɑh]
em voz alta	хезаш	[hezɑʃ]

publicar (vt)	арахеца	[ɑrɑheʦ]
publicação (f)	арахецар	[ɑrɑheʦɑr]
editor (m)	арахецархо	[ɑrɑheʦɑrhɔ]
editora (f)	издательство	[ɪzdɑteljstvɔ]

sair (vi)	арадала	[aradal]
lançamento (m)	арадалар	[aradalar]
tiragem (f)	тираж	[tıraʒ]
livraria (f)	книшкийн туька	[knıʃkı:n tɯk]
biblioteca (f)	библиотека	[bıblıɔtek]
novela (f)	повесть	[pɔwestʲ]
conto (m)	дийцар	[dı:tsar]
romance (m)	роман	[rɔman]
romance (m) policial	детектив	[detektıv]
memórias (f pl)	мемуараш	[memuaraʃ]
lenda (f)	дийцар	[dı:tsar]
mito (m)	миф	[mıf]
poesia (f)	байташ	[bajtaʃ]
autobiografia (f)	автобиографи	[avtɔbıɔgrafı]
obras (f pl) escolhidas	хаьржина	[hærʒın]
ficção (f) científica	фантастика	[fantastık]
título (m)	цӀе	[tsʼe]
introdução (f)	чудалор	[tʃudalɔr]
folha (f) de rosto	титулан аґо	[tıtulan aɣɔ]
capítulo (m)	корта	[kɔrt]
excerto (m)	дакъа	[daqʔ]
episódio (m)	эпизод	[ɛpızɔd]
enredo (m)	сюжет	[sɯʒet]
conteúdo (m)	чулацам	[tʃulatsam]
índice (m)	чулацам	[tʃulatsam]
protagonista (m)	коьрта турпалхо	[kørt turpalhɔ]
volume (m)	том	[tɔm]
capa (f)	мужалт	[muʒalt]
encadernação (f)	мужалт яр	[muʒalt jar]
marcador (m) de página	юкъаюьллург	[juqʔajullurg]
página (f)	аґо	[ˈaɣɔ]
folhear (vt)	херца	[herts]
margem (f)	йистош	[jıstɔʃ]
anotação (f)	билгало	[bılgalɔ]
nota (f) de rodapé	билгалдаккхар	[bılgaldakqar]
texto (m)	текст	[tekst]
fonte (f)	зорба	[zɔrb]
falha (f) de impressão	гӀалат кхетар	[ɣalat qetar]
tradução (f)	гоч	[gɔtʃ]
traduzir (vt)	гочдинарг	[gɔtʃdınarg]
original (m)	бакъдерг	[baqʔderg]
famoso (adj)	гӀарадаьлла	[ɣaradællı]
desconhecido (adj)	девзаш доцу	[devzaʃ dɔtsu]
interessante (adj)	самукъане	[samuqʔane]

best-seller (m)	бестселлер	[bestseller]
dicionário (m)	дошам, словарь	[doʃam], [slovarʲ]
livro (m) didático	учебник	[utʃebnɪk]
enciclopédia (f)	энциклопеди	[ɛntsɪklɔpedɪ]

133. Caça. Pesca

caça (f)	таллар	[tallar]
caçar (vi)	талла эха	[tall ɛh]
caçador (m)	таллархо	[tallarhɔ]
disparar, atirar (vi)	кхийса	[qɪːs]
rifle (m)	топ	[tɔp]
cartucho (m)	патарма	[patarm]
chumbo (m) de caça	дробь	[drɔbʲ]
armadilha (f)	гура	[gur]
armadilha (com corda)	речІа	[retʃ]
pôr a armadilha	гура боІла	[gur bɔɣ]
caçador (m) furtivo	браконьер	[brakɔnjer]
caça (animais)	экха	[ɛq]
cão (m) de caça	талларховйн жІаьла	[tallarhɔjn ʒʼæl]
safári (m)	сафари	[safarɪ]
animal (m) empalhado	мунда	[mund]
pescador (m)	чІерийлецархо	[tʃʼerɪːletsarhɔ]
pesca (f)	чІерийлецар	[tʃʼerɪːletsar]
pescar (vt)	чІерий леца	[tʃʼerɪː lets]
vara (f) de pesca	мІара	[mʼar]
linha (f) de pesca	леска	[lesk]
anzol (m)	мІара	[mʼar]
boia (f), flutuador (m)	тІус	[tʼus]
isca (f)	кхоллург	[qɔllurg]
lançar a linha	къийдамаш бан	[qʔɪːdamaʃ ban]
morder (peixe)	муьрг етта	[mʉrg ett]
pesca (f)	лецна	[letsn]
buraco (m) no gelo	Іуьрг	[ʼʉrg]
rede (f)	бой	[bɔj]
barco (m)	кема	[kem]
pescar com rede	бойца леца	[bɔjts lets]
lançar a rede	бой чукхосса	[bɔj tʃuqɔss]
puxar a rede	бой аратакхо	[bɔj arataqɔ]
baleeiro (m)	китобой	[kɪtɔbɔj]
baleeira (f)	китобойни кема	[kɪtɔbɔjnɪ kem]
arpão (m)	чаьнчакх	[tʃænʧaq]

134. Jogos. Bilhar

bilhar (m)	биллиард	[bɪlɪɑrd]
sala (f) de bilhar	биллиардан	[bɪlɪɑrdɑn]
bola (f) de bilhar	биллиардан шар	[bɪlɪɑrdɑn ʃɑr]
embolsar uma bola	шар чутоха	[ʃɑr tʃutɔh]
taco (m)	кий	[kɪ:]
caçapa (f)	луза	[luz]

135. Jogos. Jogar cartas

ouros (m pl)	черо	[tʃerɔ]
espadas (f pl)	Іаьржбаьрг	[ˈærʒbærg]
copas (f pl)	черви	[tʃerwɪ]
paus (m pl)	Іаьржабаьргаш	[ˈærʒɑbærgɑʃ]
ás (m)	тIуз	[tʼuz]
rei (m)	паччахь	[pɑtʃɑh]
dama (f), rainha (f)	йоI	[joʕ]
valete (m)	салти	[sɑltɪ]
carta (f) de jogar	ловзо кехат	[lɔvzɔ kehɑt]
cartas (f pl)	кехаташ	[kehɑtɑʃ]
trunfo (m)	козар	[kɔzɑr]
baralho (m)	туп	[tup]
dar, distribuir (vt)	декъа	[deqʔ]
embaralhar (vt)	эдан	[ɛdɑn]
vez, jogada (f)	дахар	[dɑhɑr]
trapaceiro (m)	хьарамча	[hɑrɑmtʃ]

136. Descanso. Jogos. Diversos

passear (vi)	доладала	[dɔlɑdɑl]
passeio (m)	доладалар	[dɔlɑdɑlɑr]
viagem (f) de carro	доладалар	[dɔlɑdɑlɑr]
aventura (f)	хилларг	[hɪlɑrg]
piquenique (m)	пикник	[pɪknɪk]
jogo (m)	ловзар	[lɔvzɑr]
jogador (m)	ловзархо	[lɔvzɑrhɔ]
partida (f)	парти	[pɑrtɪ]
colecionador (m)	гулдархо	[guldɑrhɔ]
colecionar (vt)	гулъян	[gulʔjɑn]
coleção (f)	гулдар	[guldɑr]
palavras (f pl) cruzadas	кроссворд	[krɔssvɔrd]
hipódromo (m)	ипподром	[ɪppɔdrɔm]
discoteca (f)	дискотека	[dɪskɔtek]

sauna (f)	сауна	[sɑun]
loteria (f)	лотерей	[lɔterej]

campismo (m)	поход	[pɔhod]
acampamento (m)	лагерь	[lagerʲ]
barraca (f)	четар	[tʃetɑr]
bússola (f)	къилба	[qʔɪlb]
campista (m)	турист	[turɪst]

ver (vt), assistir à ...	хьежа	[heʒ]
telespectador (m)	телехьажархо	[telehaʒɑrhɔ]
programa (m) de TV	телепередача	[teleperedatʃ]

137. Fotografia

máquina (f) fotográfica	фотоаппарат	[fɔtɔapparat]
foto, fotografia (f)	фото, сурт	[fɔtɔ], [surt]

fotógrafo (m)	суьрташдохург	[sʉrtaʃdɔhurg]
estúdio (m) fotográfico	фотостуди	[fɔtɔstudɪ]
álbum (m) de fotografias	фотоальбом	[fɔtɔaljbɔm]

lente (f) fotográfica	объектив	[ɔbʔektɪv]
lente (f) teleobjetiva	телеобъектив	[teleɔbʔektɪv]
filtro (m)	фильтр	[fɪljtr]
lente (f)	линза	[lɪnz]

ótica (f)	оптика	[ɔptɪk]
abertura (f)	диафрагма	[dɪɑfragm]
exposição (f)	выдержка	[vɪderʒk]
visor (m)	видоискатель	[wɪdɔɪskatelj]

câmera (f) digital	цифрийн камера	[tsɪfrɪːn kamer]
tripé (m)	штатив	[ʃtatɪv]
flash (m)	эккхар	[ɛkqɑr]

fotografar (vt)	сурт даккха	[surt dakq]
tirar fotos	даккха	[dakq]
fotografar-se (vr)	сурт даккхийта	[surt dakqɪːt]

foco (m)	резкость	[rezkɔstʲ]
focar (vt)	резкостан тӏедало	[rezkɔstan tʲedalɔ]

nítido (adj)	чӏоарла	[tʃʼɔˈaɣ]
nitidez (f)	чӏоарла хилар	[tʃʼɔˈaɣ hɪlar]

contraste (m)	къастам	[qʔastam]
contrastante (adj)	къастаме	[qʔastame]

retrato (m)	сурт	[surt]
negativo (m)	негатив	[negatɪv]
filme (m)	фотоплёнка	[fɔtəplʲonk]
fotograma (m)	кадр	[kadr]
imprimir (vt)	зорба тоха	[zɔrb tɔh]

138. Praia. Natação

praia (f)	пляж	[pljaʒ]
areia (f)	гIум	[ɣum]
deserto (adj)	гIум-аренан	[ɣum arenɑn]
bronzeado (m)	кхарзавалар	[qɑrzavɑlɑr]
bronzear-se (vr)	ваг	[vɑg]
bronzeado (adj)	маьлхо дагийна	[mælho dɑgɪːn]
protetor (m) solar	кхарзваларан дуьхьал крем	[qɑrzvɑlɑrɑn dɨhɑl krem]
biquíni (m)	бикини	[bɪkɪnɪ]
maiô (m)	луьйчушъюхург	[lɨjtʃuʃʔɨhurg]
calção (m) de banho	плавкаш	[plɑvkɑʃ]
piscina (f)	бассейн	[bɑssejn]
nadar (vi)	нека дан	[nek dɑn]
chuveiro (m), ducha (f)	душ	[duʃ]
mudar, trocar (vt)	бедар хийца	[bedɑr hɪːts]
toalha (f)	гата	[gɑt]
barco (m)	кема	[kem]
lancha (f)	катер	[kɑter]
esqui (m) aquático	хин лыжаш	[hɪn lɪʒɑʃ]
barco (m) de pedais	хин вилиспет	[hɪn wɪlɪspet]
surf, surfe (m)	серфинг	[serfɪng]
surfista (m)	серфингхо	[serfɪnho]
equipamento (m) de mergulho	акваланг	[ɑkvɑlɑng]
pé (m pl) de pato	пиллигаш	[pɪllɪgɑʃ]
máscara (f)	маска	[mɑsk]
mergulhador (m)	чулелхархо	[tʃulelhɑrhɔ]
mergulhar (vi)	чулелха	[tʃulelh]
debaixo d'água	хин кIел	[hɪn kʼel]
guarda-sol (m)	зонтик	[zɔntɪk]
espreguiçadeira (f)	шезлонг	[ʃezlɔng]
óculos (m pl) de sol	куьзганаш	[kɨzgɑnɑʃ]
colchão (m) de ar	нека дан гоь	[nek dɑn gø]
brincar (vi)	ловза	[lɔvz]
ir nadar	лийча	[lɪːtʃ]
bola (f) de praia	буьрка	[bɨrk]
encher (vt)	дуса	[dus]
inflável (adj)	дусу	[dusu]
onda (f)	тулгIе	[tulɣe]
boia (f)	буй	[buj]
afogar-se (vr)	бухадаха	[buhɑdɑh]
salvar (vt)	кIелхьардаккха	[kʼelhɑrdɑqh]
colete (m) salva-vidas	кIелхьарвоккху жилет	[kʼelhɑrvɔkqu ʒɪlet]

observar (vt)	**тергам бан**	[tergam ban]
salva-vidas (pessoa)	**кӏелхьардакххархо**	[kʼelhɑrdɑqharhɔ]

EQUIPAMENTO TÉCNICO. TRANSPORTES

Equipamento técnico. Transportes

139. Computador

computador (m)	компьютер	[kɔmpjʉter]
computador (m) portátil	ноутбук	[nɔutbuk]
ligar (vt)	лато	[latɔ]
desligar (vt)	дӀадайа	[d'adaj]
teclado (m)	клавиатура	[klawɪatur]
tecla (f)	пиллиг	[pɪllɪg]
mouse (m)	мышь	[mɨʃ]
tapete (m) para mouse	кузан цуьрг	[kuzan tsʉrg]
botão (m)	кнопка	[knɔpk]
cursor (m)	курсор	[kursɔr]
monitor (m)	монитор	[mɔnɪtɔr]
tela (f)	экран	[ɛkran]
disco (m) rígido	жёстки диск	[ʒɔstkɪ dɪsk]
capacidade (f) do disco rígido	жестки дискан барам	[ʒestkɪ dɪskan baram]
memória (f)	эс	[ɛs]
memória RAM (f)	оперативни эс	[ɔperatɪvnɪ ɛs]
arquivo (m)	файл	[fajl]
pasta (f)	папка	[papk]
abrir (vt)	схьаделла	[shadell]
fechar (vt)	дӀакъовла	[d'aq?ovl]
salvar (vt)	ӏалашдан	['alaʃdan]
deletar (vt)	дӀадаккха	[d'adakq]
copiar (vt)	копи яккха	[kɔpɪ jakq]
ordenar (vt)	сорташ дан	[sɔrtaʃ dan]
copiar (vt)	схьаяздан	[shajazdan]
programa (m)	программа	[prɔgramm]
software (m)	программни кхачам	[prɔgrammnɪ qatʃam]
programador (m)	программист	[prɔgrammɪst]
programar (vt)	программа хӀотто	[prɔgramm h'ɔttɔ]
hacker (m)	хакер	[haker]
senha (f)	пароль	[parɔlj]
vírus (m)	вирус	[wɪrus]
detectar (vt)	каро	[karɔ]
byte (m)	байт	[bajt]

megabyte (m)	мегабайт	[megabajt]
dados (m pl)	хаамаш	[haˈamaʃ]
base (f) de dados	хаамашан база	[haˈamaʃan baz]
cabo (m)	кабель	[kabelj]
desconectar (vt)	дIадаккха	[dˈadakq]
conectar (vt)	вовшахтаса	[vɔvʃahtas]

140. Internet. E-mail

internet (f)	интернет	[ɪnternet]
browser (m)	браузер	[brauzer]
motor (m) de busca	лехамийн ресурс	[lehamɪːn resurs]
provedor (m)	провайдер	[prɔvajder]
webmaster (m)	веб-мастер	[web master]
website (m)	веб-сайт	[web sajt]
web page (f)	веб-аrlо	[web aɣɔ]
endereço (m)	адрес	[adres]
livro (m) de endereços	адресийн книга	[adresɪːn knɪg]
caixa (f) de correio	поштан яьшка	[pɔʃtan jæʃk]
correio (m)	пошт	[pɔʃt]
mensagem (f)	хаам	[haˈam]
remetente (m)	дIадахьийтинарг	[dˈadahɪːtɪnarg]
enviar (vt)	дIадахьийта	[dˈadahɪːt]
envio (m)	дIадахьийтар	[dˈadahɪːtar]
destinatário (m)	схьаэцархо	[shaətsarhɔ]
receber (vt)	зхьаэца	[zhaəts]
correspondência (f)	кехаташ дIасакхехьийтар	[kehataʃ dˈasaqehɪːtar]
corresponder-se (vr)	кехаташ дIасакхехьийта	[kehataʃ dˈasaqehɪːt]
arquivo (m)	файл	[fajl]
fazer download, baixar (vt)	чудаккха	[ʧudakq]
criar (vt)	кхолла	[qɔll]
deletar (vt)	дIадаккха	[dˈadakq]
deletado (adj)	дIадаьккхнарг	[dˈadækqnarg]
conexão (f)	дазар	[dazar]
velocidade (f)	сихалла	[sɪhall]
modem (m)	модем	[mɔdem]
acesso (m)	тIекхочийла	[tˈeqɔʧɪːl]
porta (f)	порт	[pɔrt]
conexão (f)	дIатасар	[dˈatasar]
conectar (vi)	дIатаса	[dˈatas]
escolher (vt)	харжа	[harʒ]
buscar (vt)	леха	[leh]

Transportes

141. Avião

avião (m)	кема	[kem]
passagem (f) aérea	авиабилет	[awɪabɪlet]
companhia (f) aérea	авиакомпани	[awɪakɔmpanɪ]
aeroporto (m)	аэропорт	[aerɔpɔrt]
supersônico (adj)	озал тӏехь	[ɔzal t'eh]
comandante (m) do avião	кеман командир	[keman kɔmandɪr]
tripulação (f)	экипаж	[ɛkɪpaʒ]
piloto (m)	кеманхо	[kemanhɔ]
aeromoça (f)	стюардесса	[stʉardess]
copiloto (m)	штурман	[ʃturman]
asas (f pl)	тӏемаш	[t'emaʃ]
cauda (f)	цӏога	[ts'ɔg]
cabine (f)	кабина	[kabɪn]
motor (m)	двигатель	[dwɪgatelj]
trem (m) de pouso	шасси	[ʃassɪ]
turbina (f)	бера	[ber]
hélice (f)	бера	[ber]
caixa-preta (f)	Ӏаьржа яьшка	['ærʒ jæʃk]
coluna (f) de controle	штурвал	[ʃturval]
combustível (m)	ягорг	[jagɔrg]
instruções (f pl) de segurança	инструкци	[ɪnstruktsɪ]
máscara (f) de oxigênio	кислородан маска	[kɪslɔrɔdan mask]
uniforme (m)	униформа	[unɪfɔrm]
colete (m) salva-vidas	кӏелхьарвоккху жилет	[k'elharvɔkqu ʒɪlet]
paraquedas (m)	четар	[tʃetar]
decolagem (f)	хьалагӏаттар	[halaɣattar]
descolar (vi)	хьалагӏатта	[halaɣatt]
pista (f) de decolagem	хьалагӏотту аса	[halaɣɔttu as]
visibilidade (f)	гуш хилар	[guʃ hɪlar]
voo (m)	дахар	[dahar]
altura (f)	лакхалла	[laqall]
poço (m) de ar	хӏаваъан ор	[h'ava?an ɔr]
assento (m)	меттиг	[mettɪg]
fone (m) de ouvido	ладугӏургаш	[laduɣurgaʃ]
mesa (f) retrátil	цхьалха стол	[tshalha stɔl]
janela (f)	иллюминатор	[ɪllʉmɪnatɔr]
corredor (m)	чекхдолийла	[tʃeqdɔlɪːl]

142. Comboio

trem (m)	цlерпошт	[ts'erpɔʃt]
trem (m) elétrico	электричка	[ɛlektrɪtʃk]
trem (m)	чехка цlерпошт	[tʃehk ts'erpɔʃt]
locomotiva (f) diesel	тепловоз	[teplovɔz]
locomotiva (f) a vapor	цlермашен	[ts'ermaʃən]
vagão (f) de passageiros	вагон	[vagɔn]
vagão-restaurante (m)	вагон-ресторан	[vagɔn restɔran]
carris (m pl)	рельсаш	[reljsaʃ]
estrada (f) de ferro	аьчка некъ	['ætʃk neq?]
travessa (f)	шпала	[ʃpal]
plataforma (f)	платформа	[platfɔrm]
linha (f)	некъ	[neq?]
semáforo (m)	семафор	[semafɔr]
estação (f)	станци	[stantsɪ]
maquinista (m)	машинхо	[maʃɪnho]
bagageiro (m)	киранхо	[kɪranho]
hospedeiro, -a (m, f)	проводник	[prɔvɔdnɪk]
passageiro (m)	пассажир	[passaʒɪr]
revisor (m)	контролёр	[kɔntrɔlʲor]
corredor (m)	уче	[utʃe]
freio (m) de emergência	стоп-кран	[stɔp kran]
compartimento (m)	купе	[kupe]
cama (f)	терхи	[terhɪ]
cama (f) de cima	лакхара терхи	[laqar terhɪ]
cama (f) de baixo	лахара терхи	[lahar terhɪ]
roupa (f) de cama	меттан лоччарш	[mettan lɔtʃarʃ]
passagem (f)	билет	[bɪlet]
horário (m)	расписани	[raspɪsanɪ]
painel (m) de informação	хаамийн у	[ha:mɪ:n u]
partir (vt)	дlадаха	[d'adah]
partida (f)	дlадахар	[d'adahar]
chegar (vi)	схьакхача	[shaqatʃ]
chegada (f)	схьакхачар	[shaqatʃar]
chegar de trem	цlерпоштахь ван	[ts'erpɔʃtah van]
pegar o trem	цlерпошта тlе хаа	[ts'erpɔʃt t'e ha'a]
descer de trem	цlерпошта тlера охьадосса	[ts'erpɔʃt t'er ɔhadɔss]
acidente (m) ferroviário	харцар	[hartsar]
locomotiva (f) a vapor	цlермашен	[ts'ermaʃən]
foguista (m)	кочегар	[kɔtʃegar]
fornalha (f)	дагор	[dagɔr]
carvão (m)	кlора	[k'ɔr]

143. Barco

navio (m)	кема	[kem]
embarcação (f)	кема	[kem]
barco (m) a vapor	цlеркема	[ts'erkem]
barco (m) fluvial	теплоход	[teplɔhod]
transatlântico (m)	лайнер	[lajner]
cruzeiro (m)	крейсер	[krejser]
iate (m)	яхта	[jɑht]
rebocador (m)	буксир	[buksɪr]
barcaça (f)	баржа	[bɑrʒ]
ferry (m)	бурам	[burɑm]
veleiro (m)	гатанан кема	[gatanan kem]
bergantim (m)	бригантина	[brɪgantɪn]
quebra-gelo (m)	ша-кема	[ʃa kem]
submarino (m)	хи бухахула лела кема	[hɪ buhahul lel kem]
bote, barco (m)	кема	[kem]
baleeira (bote salva-vidas)	шлюпка	[ʃlʉpk]
bote (m) salva-vidas	кlелхьарвоккху шлюпка	[k'elharvɔkqu ʃlʉpk]
lancha (f)	катер	[kater]
capitão (m)	капитан	[kapɪtan]
marinheiro (m)	хlордахо	[h'ɔrdaho]
marujo (m)	хlордахо	[h'ɔrdaho]
tripulação (f)	экипаж	[ɛkɪpaʒ]
contramestre (m)	боцман	[bɔtsman]
grumete (m)	юнга	[jung]
cozinheiro (m) de bordo	кок	[kɔk]
médico (m) de bordo	хи кеман лор	[hɪ keman lɔr]
convés (m)	палуба	[palub]
mastro (m)	мачта	[matʃt]
vela (f)	гата	[gat]
porão (m)	трюм	[trʉm]
proa (f)	кеман мара	[keman mar]
popa (f)	кеман цlога	[keman ts'ɔg]
remo (m)	пийсиг	[pɪːsɪg]
hélice (f)	винт	[wɪnt]
cabine (m)	каюта	[kajut]
sala (f) dos oficiais	кают-компани	[kajut kɔmpanɪ]
sala (f) das máquinas	машинийн отделени	[maʃɪnɪːn ɔtdelenɪ]
ponte (m) de comando	капитанан тlай	[kapɪtanan t'aj]
sala (f) de comunicações	радиотрубка	[radɪɔtrubk]
onda (f)	тулrlе	[tulɣe]
diário (m) de bordo	кеман журнал	[keman ʒurnal]
luneta (f)	турмал	[turmal]
sino (m)	горгал	[gɔrgal]

bandeira (f)	байракх	[bajraq]
cabo (m)	муш	[muʃ]
nó (m)	шад	[ʃad]

corrimão (m)	тlам	[t'am]
prancha (f) de embarque	лами	[lamɪ]

âncora (f)	якорь	[jakorʲ]
recolher a âncora	якорь хьалаая	[jakorʲ hala'aj]
jogar a âncora	якорь кхосса	[jakorʲ qoss]
amarra (corrente de âncora)	якоран зle	[jakoran z'e]

porto (m)	порт	[pɔrt]
cais, amarradouro (m)	дlатосийла	[d'atɔsɪːl]
atracar (vi)	йистедало	[jɪstedalɔ]
desatracar (vi)	дlадаха	[d'adah]

viagem (f)	араваьлла лелар	[aravæll lelar]
cruzeiro (m)	круиз	[kruɪz]
rumo (m)	курс	[kurs]
itinerário (m)	маршрут	[marʃrut]

canal (m) de navegação	фарватер	[farvater]
banco (m) de areia	гомхалла	[gomhall]
encalhar (vt)	гlамарла даха	[ɣamarl dah]

tempestade (f)	дарц	[darts]
sinal (m)	сигнал	[sɪgnal]
afundar-se (vr)	бухадаха	[buhadah]
SOS	SOS	[sɔs]
boia (f) salva-vidas	кlелхьарвоккху го	[k'elharvɔkqu gɔ]

144. Aeroporto

aeroporto (m)	аэропорт	[aerɔpɔrt]
avião (m)	кема	[kem]
companhia (f) aérea	авиакомпани	[awɪakɔmpanɪ]
controlador (m) de tráfego aéreo	диспетчер	[dɪspetʃer]

partida (f)	дlадахар	[d'adahar]
chegada (f)	схьакхачар	[shaqatʃar]
chegar (vi)	схьакхача	[shaqatʃ]

hora (f) de partida	гlовтаран хан	[ɣɔvtaran han]
hora (f) de chegada	схьакхачаран хан	[shaqatʃaran han]

estar atrasado	хьедала	[hedal]
atraso (m) de voo	хьедар	[hedar]

painel (m) de informação	хаамийн табло	[haːmɪːn tablɔ]
informação (f)	хаам	[ha'am]
anunciar (vt)	кхайкхо	[qajqɔ]
voo (m)	рейс	[rejs]

alfândega (f)	таможни	[tamɔʒnɪ]
funcionário (m) da alfândega	таможхо	[tamɔʒho]
declaração (f) alfandegária	декларации	[deklaratsɪ]
preencher a declaração	декларации язъян	[deklaratsɪ jaz?jan]
controle (m) de passaporte	паспортан контроль	[pastpɔrtan kɔntrɔlj]
bagagem (f)	кира	[kɪr]
bagagem (f) de mão	куьйга леладен кира	[kɥjg leladen kɪr]
carrinho (m)	гIудалкх	[ɣudalq]
pouso (m)	охьахаар	[ɔhaha'ar]
pista (f) de pouso	охьахаaден аса	[ɔhaha'aden as]
aterrissar (vi)	охьахаа	[ɔhaha'a]
escada (f) de avião	лами	[lamɪ]
check-in (m)	регистрации	[regɪstratsɪ]
balcão (m) do check-in	регистрацин гIопаста	[regɪstratsɪn ɣɔpast]
fazer o check-in	регистрации ян	[regɪstratsɪ jan]
cartão (m) de embarque	тIехааден талон	[t'eha'aden talɔn]
portão (m) de embarque	арадалар	[aradalar]
trânsito (m)	транзит	[tranzɪt]
esperar (vi, vt)	хьежа	[heʒ]
sala (f) de espera	хьежаран зал	[heʒaran zal]
despedir-se (acompanhar)	новкъадаккха	[nɔvq?adakq]
despedir-se (dizer adeus)	Iодика ян	['ɔdɪk jan]

145. Bicicleta. Motocicleta

bicicleta (f)	велиспет	[welɪspet]
lambreta (f)	мотороллер	[mɔtɔrɔller]
moto (f)	мотоцикл	[mɔtɔtsɪkl]
ir de bicicleta	велиспетехь ваха	[welɪspeteh vah']
guidão (m)	тIам	[t'am]
pedal (m)	педаль	[pedalj]
freios (m pl)	тормозаш	[tɔrmɔzaʃ]
banco, selim (m)	нуьйр	[nɥjr]
bomba (f)	насос	[nasɔs]
bagageiro (m) de teto	багажник	[baɡaʒnɪk]
lanterna (f)	фонарь	[fɔnarʲ]
capacete (m)	гIем	[ɣem]
roda (f)	чкъург	[tʃq?urg]
para-choque (m)	тIам	[t'am]
aro (m)	туре	[ture]
raio (m)	чIу	[tʃ'u]

Carros

146. Tipos de carros

carro, automóvel (m)	автомобиль	[avtɔmɔbɪlj]
carro (m) esportivo	спортивни автомобиль	[spɔrtɪvnɪ avtɔmɔbɪlj]
limusine (f)	лимузин	[lɪmuzɪn]
todo o terreno (m)	внедорожник, джип	[vnedɔrɔʒnɪk], [dʒɪp]
conversível (m)	кабриолет	[kabrɪɔlet]
minibus (m)	микроавтобус	[mɪkrɔavtɔbus]
ambulância (f)	сихонан гlо	[sɪhonan ɣɔ]
limpa-neve (m)	ло дlадоккху машина	[lɔ d'adɔkqu maʃɪn]
caminhão (m)	киранийн машина	[kɪranɪːn maʃɪn]
caminhão-tanque (m)	бензовоз	[benzɔvɔz]
perua, van (f)	хlургон	[h'urgɔn]
caminhão-trator (m)	озорг	[ɔzɔrg]
reboque (m)	тlаьхьатосург	[t'æhatɔsurg]
confortável (adj)	комфорт йолу	[kɔmfɔrt jolu]
usado (adj)	лелийна	[lelɪːn]

147. Carros. Carroçaria

capô (m)	капот	[kapɔt]
para-choque (m)	тlам	[t'am]
teto (m)	тхов	[thov]
para-brisa (m)	хьалхара ангали	[halhar angalɪ]
retrovisor (m)	тlехьара сурт гайта ангали	[t'ehar surt gajt angalɪ]
esguicho (m)	дилар	[dɪlar]
limpadores (m) de para-brisas	ангалицlандийригаш	[ˈangalɪtsˈandɪːrɪgaʃ]
vidro (m) lateral	агlонгара ангали	[ˈaɣɔngar angalɪ]
elevador (m) do vidro	ангалихьалаойург	[angalɪhalaɔjurg]
antena (f)	антенна	[anten]
teto (m) solar	люк	[lʉk]
para-choque (m)	бампер	[bamper]
porta-malas (f)	багажник	[bagaʒnɪk]
porta (f)	неl	[neʕ]
maçaneta (f)	тlам	[t'am]
fechadura (f)	догlа	[dɔɣ]
placa (f)	номер	[nɔmer]
silenciador (m)	лагlийириг	[laɣjɪːrɪg]

tanque (m) de gasolina	бензинан бак	[bɛnzınɑn bɑk]
tubo (m) de exaustão	выхлопни турба	[vıhlɔpnı turb]
acelerador (m)	газ	[gɑz]
pedal (m)	педаль	[pɛdɑlj]
pedal (m) do acelerador	газан педаль	[gɑzɑn pɛdɑlj]
freio (m)	тормоз	[tɔrmɔz]
pedal (m) do freio	тормозан педаль	[tɔrmɔzɑn pɛdɑlj]
frear (vt)	тормоз таса	[tɔrmɔz tɑs]
freio (m) de mão	дIахIоттайойларан тормоз	[d'ɑh'ɔttɑjojlɑrɑn tɔrmɔz]
embreagem (f)	вовшахтасар	[vɔvʃɑhtɑsɑr]
pedal (m) da embreagem	вовшахтасаран педаль	[vɔvʃɑhtɑsɑrɑn pɛdɑlj]
disco (m) de embreagem	вовшахтасаран диск	[vɔvʃɑhtɑsɑrɑn dısk]
amortecedor (m)	амортизатор	[ɑmɔrtızɑtɔr]
roda (f)	чкъург	[ʧq?urg]
pneu (m) estepe	тIаьхьалонан чкъург	[t'æhɑlɔnɑn ʧq?urg]
calota (f)	кад	[kɑd]
rodas (f pl) motrizes	лело чкъургаш	[lɛlɔ ʧq?urgɑʃ]
de tração dianteira	хьалхараприводан	[hɑlhɑrɑprıvɔdɑn]
de tração traseira	тIехьараприводан	[t'ɛhɑrɑprıvɔdɑn]
de tração às 4 rodas	дуьззинаприводан	[dʉzzınɑprıvɔdɑn]
caixa (f) de mudanças	передачан гIутакх	[pɛrɛdɑʧɑn ɣutɑq]
automático (adj)	автоматически	[ɑvtɔmɑtıʧɛskı]
mecânico (adj)	механически	[mɛhɑnıʧɛskı]
alavanca (f) de câmbio	передачан гIутакхан зеразакъ	[pɛrɛdɑʧɑn ɣutɑqɑn zɛrɑzɑq?]
farol (m)	фара	[fɑr]
faróis (m pl)	фараш	[fɑrɑʃ]
farol (m) baixo	гергара серло	[gɛrgɑr sɛrlɔ]
farol (m) alto	генара серло	[gɛnɑr sɛrlɔ]
luzes (f pl) de parada	собар-хаам	[sɔbɑr hɑ'ɑm]
luzes (f pl) de posição	габаритам серло	[gɑbɑrıtɑm sɛrlɔ]
luzes (f pl) de emergência	аварии серло	[ɑvɑrı: sɛrlɔ]
faróis (m pl) de neblina	дахкарна дуьхьалара фараш	[dɑhkɑrn dʉhɑlɑr fɑrɑʃ]
pisca-pisca (m)	«поворотник»	[pɔvɔrɔtnık]
luz (f) de marcha ré	юханехьа дахар	[juhɑnɛh dɑhɑr]

148. Carros. Habitáculo

interior (do carro)	салон	[sɑlɔn]
de couro	тIаьрсиган	[t'ærsıgɑn]
de veludo	велюран	[wɛlʉrɑn]
estofamento (m)	тIетухург	[t'ɛtuhurg]
indicador (m)	прибор	[prıbɔr]
painel (m)	приборийн у	[prıbɔrı:n u]

velocímetro (m)	спидометр	[spɪdɔmetr]
ponteiro (m)	цамза	[tsamz]
hodômetro, odômetro (m)	лолург	[lɔlurg]
indicador (m)	гойтург	[gɔjturg]
nível (m)	барам	[baram]
luz (f) de aviso	лампа	[lamp]
volante (m)	тӏам, тӏоман чкъург	[t'am], [t'ɔman tʃq?urg]
buzina (f)	сигнал	[sɪgnal]
botão (m)	кнопка	[knɔpk]
interruptor (m)	лакъорг	[laq?ɔrg]
assento (m)	охьахойла	[ɔhahɔɪːl]
costas (f pl) do assento	букъ	[buq?]
cabeceira (f)	гӏовла	[ɣɔvl]
cinto (m) de segurança	доьхка	[døhk]
apertar o cinto	доьхка тӏедолла	[døhk t'edɔll]
ajuste (m)	нисдар	[nɪsdar]
airbag (m)	хӏаваан гӏайба	[h'ava'an ɣajb]
ar (m) condicionado	кондиционер	[kɔndɪtsɪɔner]
rádio (m)	радио	[radɪɔ]
leitor (m) de CD	CD-проигрыватель	[sɪdɪ prɔɪgrɪvatelj]
ligar (vt)	йолаялийта	[jɔlajalɪːt]
antena (f)	антенна	[anten]
porta-luvas (m)	бардачок	[bardatʃɔk]
cinzeiro (m)	чимтосург	[tʃɪmtɔsurg]

149. Carros. Motor

motor (m)	двигатель	[dwɪgatelj]
motor (m)	мотор	[mɔtɔr]
a diesel	дизелан	[dɪzelan]
a gasolina	бензинан	[benzɪnan]
cilindrada (f)	двигателан чухоам	[dwɪgatelan tʃuhɔam]
potência (f)	ньцкъалла	[nʉtsq?all]
cavalo (m) de potência	говран ницкъ	[gɔvran nɪtsq?]
pistão (m)	поршень	[pɔrʃenj]
cilindro (m)	цилиндр	[tsɪlɪndr]
válvula (f)	клапан	[klapan]
injetor (m)	инжектор	[ɪnʒektɔr]
gerador (m)	генератор	[generatɔr]
carburador (m)	карбюратор	[karbʉratɔr]
óleo (m) de motor	моторан даьтта	[mɔtɔran dætt]
radiador (m)	радиатор	[radɪatɔr]
líquido (m) de arrefecimento	шело туху кочалла	[ʃelɔ tuhu kɔtʃall]
ventilador (m)	мохтухург	[mɔhtuhurg]
bateria (f)	аккумулятор	[akkumuljatɔr]
dispositivo (m) de arranque	стартер	[starter]

| ignição (f) | зажигани | [zaʒɪganɪ] |
| vela (f) de ignição | латаен свеча | [latajen swetʃ] |

terminal (m)	клемма	[klemm]
terminal (m) positivo	плюс	[plʉs]
terminal (m) negativo	минус	[mɪnus]
fusível (m)	предохранитель	[predɔhranɪtelj]

filtro (m) de ar	хӀаваан фильтр	[hʼavaʻan fɪljtr]
filtro (m) de óleo	даьттан фильтр	[dættan fɪljtr]
filtro (m) de combustível	ягоран фильтр	[jagɔran fɪljtr]

150. Carros. Batidas. Reparação

acidente (m) de carro	авари	[avarɪ]
acidente (m) rodoviário	некъан хилларг	[neqʔan hɪllarg]
bater (~ num muro)	кхета	[qet]
sofrer um acidente	доха	[dɔh]
dano (m)	лазор	[lazɔr]
intato	могуш-маьрша	[mɔguʃ mærʃ]

| avariar (vi) | доха | [dɔh] |
| cabo (m) de reboque | буксиран трос | [buksɪran trɔs] |

furo (m)	чеккхдаккхар	[tʃekqdakqar]
estar furado	дассадала	[dassadal]
encher (vt)	дуса	[dus]
pressão (f)	тӀам	[taʻam]
verificar (vt)	хьажа	[haʒ]

reparo (m)	таяр	[tajar]
oficina (f) automotiva	таяран пхьалгӀа	[tajaran phalɣ]
peça (f) de reposição	запчасть	[zaptʃastʲ]
peça (f)	деталь	[detalj]

parafuso (com porca)	болт	[bɔlt]
parafuso (m)	винт	[wɪnt]
porca (f)	гайка	[gajk]
arruela (f)	шайба	[ʃajb]
rolamento (m)	подшипник	[pɔdʃɪpnɪk]

tubo (m)	турба	[turb]
junta, gaxeta (f)	прокладка	[prɔkladk]
fio, cabo (m)	сапа	[sar]

macaco (m)	домкрат	[dɔmkrat]
chave (f) de boca	гайкин догӀа	[gajkɪn dɔɣ]
martelo (m)	жӀов	[ʒʼɔv]
bomba (f)	насос	[nasɔs]
chave (f) de fenda	сетал	[setal]

extintor (m)	цӀайойург	[tsʼajojurg]
triângulo (m) de emergência	аварии кхосаберг	[avarɪː qɔsaberg]
morrer (motor)	дӀайов	[dʼajov]

paragem, "morte" (f)	сацор	[satsɔr]
estar quebrado	дохо	[dɔho]
superaquecer-se (vr)	тІех дохдала	[t'eh dɔhdal]
entupir-se (vr)	дукъадала	[duqʔadal]
congelar-se (vr)	гІоро	[ɣɔrɔ]
rebentar (vi)	эккха	[ɛkq]
pressão (f)	тIам	[ta'am]
nível (m)	барам	[baram]
frouxo (adj)	гІийла	[ɣɪːl]
batida (f)	ведjин меттиг	[wedjɪn mettɪg]
ruído (m)	тата	[tat]
fissura (f)	датIар	[dat'ar]
arranhão (m)	мацхар	[matshar]

151. Carros. Estrada

estrada (f)	некъ	[neqʔ]
autoestrada (f)	автонекъ	['avtɔneqʔ]
rodovia (f)	силам-некъ	[sɪlam neqʔ]
direção (f)	аrlo, тIедерзор	['aɣɔ], [t'ederzɔr]
distância (f)	некъан бохалла	[neqʔan bɔhall]
ponte (f)	тIай	[t'aj]
parque (m) de estacionamento	паркинг	[parkɪng]
praça (f)	майда	[majd]
nó (m) rodoviário	гІонжагІа	[ɣɔnʒaɣ]
túnel (m)	туннель	[tunelj]
posto (m) de gasolina	автозаправка	[avtɔzapravk]
parque (m) de estacionamento	машинаш дIахIиттайойла	[maʃɪnaʃ d'ahʔɪttajojl]
bomba (f) de gasolina	бензоколонка	[benzɔkɔlɔnk]
oficina (f) automotiva	гараж	[garaʒ]
abastecer (vt)	дотта	[dott]
combustível (m)	ягорг	[jagɔrg]
galão (m) de gasolina	канистр	[kanɪstr]
asfalto (m)	асфальт	[asfaljt]
marcação (f) de estradas	билгало	[bɪlgalɔ]
meio-fio (m)	дийна дист	[dɪːn dɪst]
guard-rail (m)	керт	[kert]
valeta (f)	кювет	[kʉwet]
acostamento (m)	некъан йист	[neqʔan jɪst]
poste (m) de luz	борІам	[bɔɣam]
dirigir (vt)	лело	[lelɔ]
virar (~ para a direita)	дIадерза	[d'aderz]
dar retorno	духадерзар	[duhaderzar]
ré (f)	юханехьа дахар	[juhaneh dahar]
buzinar (vi)	сигнал етта	[sɪgnal ett]
buzina (f)	аьзнийн сигнал	[æznɪːn sɪgnal]

atolar-se (vr)	диса	[dɪs]
patinar (na lama)	хьийзаш латта	[hiːzaʃ latt]
desligar (vt)	дӏадайа	[dˈadaj]
velocidade (f)	сихалла	[sɪhall]
exceder a velocidade	сихалла тӏехьа йаккха	[sɪhall tˈeh jakq]
multar (vt)	гӏуда тоха	[ɣud tɔh]
semáforo (m)	светофор	[swetɔfɔr]
carteira (f) de motorista	лелорхочун бакъонаш	[lelɔrhɔtʃun baqʔɔnaʃ]
passagem (f) de nível	дехьаволийла	[dehavɔlɪːl]
cruzamento (m)	галморзе	[galmɔrze]
faixa (f)	гӏашлойн дехьаволийла	[ɣaʃlɔjn dehavɔlɪːl]
curva (f)	гола	[gɔl]
zona (f) de pedestres	гӏашлойн зона	[ɣaʃlɔjn zɔn]

PESSOAS. EVENTOS

Eventos

152. Férias. Evento

festa (f)	дезде	[dezde]
feriado (m) nacional	къаьмнийн дезде	[qʔæmnɪːn dezde]
feriado (m)	деза де	[dez de]
festejar (vt)	даздан	[dazdan]
evento (festa, etc.)	хилларг	[hɪllarg]
evento (banquete, etc.)	мероприяти	[merɔprɪjatɪ]
banquete (m)	той	[tɔj]
recepção (f)	тӀеэцар	[tʼɛɛtsar]
festim (m)	той	[tɔj]
aniversário (m)	шо кхачар	[ʃɔ qatʃar]
jubileu (m)	юбилей	[jubɪlej]
celebrar (vt)	билгалдаккха	[bɪlgaldakq]
Ano (m) Novo	Керла шо	[kerl ʃɔ]
Feliz Ano Novo!	Керлачу шарца декъал дойла шу!	[kerlatʃu ʃarts deqʔal dɔjl ʃu]
Natal (m)	Рождество	[rɔʒdestvɔ]
Feliz Natal!	Рождествоца декъал дойла шу!	[rɔʒdestvɔts deqʔal dɔjl ʃu]
árvore (f) de Natal	керлачу шеран ёлка	[kerlatʃu ʃəran jolk]
fogos (m pl) de artifício	салют	[salʉt]
casamento (m)	ловзар	[lɔvzar]
noivo (m)	зуда ехна стаг	[zud ehn stag]
noiva (f)	нускал	[nuskal]
convidar (vt)	схьакхайкха	[shaqajq]
convite (m)	кхайкхар	[qajqar]
convidado (m)	хьаша	[haʃ]
visitar (vt)	хьошалгӀа ваха	[hɔʃalɣ vahʼ]
receber os convidados	хьешашна дуьхьалваха	[heʃaʃn dʉhalvah]
presente (m)	совгӀат	[sɔvɣat]
oferecer, dar (vt)	совгӀатна дала	[sɔvɣatn dal]
receber presentes	совгӀаташ схьаэца	[sɔvɣataʃ shaʼɛts]
buquê (m) de flores	курс	[kurs]
felicitações (f pl)	декъалдар	[deqʔaldar]
felicitar (vt)	декъалдан	[deqʔaldan]

cartão (m) de parabéns	декъалден открытка	[deqʔalden ɔtkrɪtk]
enviar um cartão postal	открытка дӏадахьийта	[ɔtkrɪtk dʼadahɪːt]
receber um cartão postal	открытка схьаэца	[ɔtkrɪtk shaəts]
brinde (m)	кад	[kad]
oferecer (vt)	дала	[dal]
champanhe (m)	шампански	[ʃampanskɪ]
divertir-se (vr)	сакъера	[saqʔer]
diversão (f)	сакъерар	[saqʔerar]
alegria (f)	хазахетар	[hazahetar]
dança (f)	хелхар	[helhar]
dançar (vi)	хелхадала	[helhadal]
valsa (f)	вальс	[valjs]
tango (m)	танго	[tangɔ]

153. Funerais. Enterro

cemitério (m)	кешнаш	[keʃnaʃ]
sepultura (f), túmulo (m)	каш	[kaʃ]
lápide (f)	чурт	[tʃurt]
cerca (f)	керт	[kert]
capela (f)	килс	[kɪls]
morte (f)	далар	[dalar]
morrer (vi)	дала	[dal]
defunto (m)	велларг	[wellarg]
luto (m)	Iаьржа	[ˈærʒ]
enterrar, sepultar (vt)	дӏадолла	[dʼadɔll]
funerária (f)	велчан ламаста ден бюро	[weltʃan lamast den bʉrɔ]
funeral (m)	тезет	[tezet]
coroa (f) de flores	кочар	[kɔtʃar]
caixão (m)	гроб	[grɔb]
carro (m) funerário	катафалк	[katafalk]
mortalha (f)	марчо	[martʃɔ]
urna (f) funerária	урна	[urn]
crematório (m)	крематорий	[krematɔrɪ]
obituário (m), necrologia (f)	некролог	[nekrɔlɔg]
chorar (vi)	делха	[delh]
soluçar (vi)	делха	[delh]

154. Guerra. Soldados

pelotão (m)	завод	[zavɔd]
companhia (f)	рота	[rɔt]
regimento (m)	полк	[pɔlk]

exército (m)	эскар	[ɛskar]
divisão (f)	дивизи	[dɪwɪzɪ]
esquadrão (m)	тоба	[tɔb]
hoste (f)	эскар	[ɛskar]
soldado (m)	салти	[saltɪ]
oficial (m)	эпсар	[ɛpsar]
soldado (m) raso	моӷарепа	[mɔɣarer]
sargento (m)	сержант	[serʒant]
tenente (m)	лейтенант	[lejtenant]
capitão (m)	капитан	[kapɪtan]
major (m)	майор	[major]
coronel (m)	полковник	[pɔlkɔvnɪk]
general (m)	инарла	[ɪnarl]
marujo (m)	хӏордахо	[hʼɔrdaho]
capitão (m)	капитан	[kapɪtan]
contramestre (m)	боцман	[bɔtsman]
artilheiro (m)	артиллерист	[artɪllerɪst]
soldado (m) paraquedista	десантхо	[desantho]
piloto (m)	кеманхо	[kemanho]
navegador (m)	штурман	[ʃturman]
mecânico (m)	механик	[mehanɪk]
sapador-mineiro (m)	сапёр	[sapʲor]
paraquedista (m)	парашютхо	[paraʃutho]
explorador (m)	талламхо	[tallamho]
atirador (m) de tocaia	иччархо	[ɪtʃarhɔ]
patrulha (f)	патруль	[patrulj]
patrulhar (vt)	ӷаролла дан	[ɣarɔll dan]
sentinela (f)	ӷарол	[ɣarɔl]
guerreiro (m)	эскархо	[ɛskarhɔ]
patriota (m)	патриот	[patrɪɔt]
herói (m)	турпалхо	[turpalho]
heroína (f)	турпалхо	[turpalho]
traidor (m)	ямартхо	[jamartho]
desertor (m)	деддарг	[deddarg]
desertar (vt)	дада	[dad]
mercenário (m)	ялхо	[jalho]
recruta (m)	керла бӏахо	[kerl bʼaho]
voluntário (m)	лаамерниг	[laʼamernɪg]
morto (m)	дийнарг	[dɪːnarg]
ferido (m)	чов хилла	[tʃov hɪll]
prisioneiro (m) de guerra	йийсархо	[jɪːsarhɔ]

155. Guerra. Ações militares. Parte 1

guerra (f)	тIом	[t'ɔm]
guerrear (vt)	тIом бан	[t'ɔm ban]
guerra (f) civil	граждански тIом	[graʒdanskɪ t'ɔm]
perfidamente	тешнабехкехь	[teʃnabehkeh]
declaração (f) de guerra	дIахьебан	[d'aheban]
declarar guerra	хьебан	[heban]
agressão (f)	агресси	[agressɪ]
atacar (vt)	тIелата	[t'elat]
invadir (vt)	дIалаца	[d'alats]
invasor (m)	дIалецархо	[d'aletsarhɔ]
conquistador (m)	даккхархо	[dakqarhɔ]
defesa (f)	дуьхьало, лардар	[dʉhalɔ], [lardar]
defender (vt)	дуьхьало ян, лардан	[dʉhalɔ jan], [lardan]
defender-se (vr)	дуьхьало ян	[dʉhalɔ jan]
inimigo, adversário (m)	мостагI	[mɔstaɣ]
inimigo (adj)	мостагIийн	[mɔstaɣɪːn]
estratégia (f)	стратеги	[stratɛgɪ]
tática (f)	тактика	[taktɪk]
ordem (f)	омра	[ɔmr]
comando (m)	буьйр	[bʉjr]
ordenar (vt)	омра дан	[ɔmr dan]
missão (f)	тIедиллар	[t'edɪllar]
secreto (adj)	къайлаха	[qʔajlah]
batalha (f)	латар	[latar]
combate (m)	тIом	[t'ɔm]
ataque (m)	атака	[atak]
assalto (m)	штурм	[ʃturm]
assaltar (vt)	штурм ян	[ʃturm jan]
assédio, sítio (m)	лацар	[latsar]
ofensiva (f)	тIелатар	[t'elatar]
tomar à ofensiva	тIелета	[t'elet]
retirada (f)	юхадалар	[juhadalar]
retirar-se (vr)	юхадала	[juhadal]
cerco (m)	го бар	[gɔ bar]
cercar (vt)	го бан	[gɔ ban]
bombardeio (m)	бомбанаш еттар	[bɔmbanaʃ ettar]
lançar uma bomba	бомб чуккхосса	[bɔmb tʃukqɔss]
bombardear (vt)	бомбанаш етта	[bɔmbanaʃ ett]
explosão (f)	эккхар	[ɛkqar]
tiro (m)	ялар	[jalar]
dar um tiro	кхосса	[qɔss]

tiroteio (m)	кхийсар	[qɪːsɑr]
apontar para …	хьежо	[heʒɔ]
apontar (vt)	тlехьажо	[tʼehɑʒɔ]
acertar (vt)	кхета	[qet]

afundar (~ um navio, etc.)	хи бухадахийта	[hɪ buhadɑhɪːt]
brecha (f)	Iуьрг	[ˈʉrg]
afundar-se (vr)	хи буха даха	[hɪ buha dɑh]

frente (m)	фронт	[frɔnt]
evacuação (f)	эвакуаци	[ɛvɑkuɑtsɪ]
evacuar (vt)	эвакуаци ян	[ɛvɑkuɑtsɪ jɑn]

trincheira (f)	окоп, траншей	[ɔkɔp], [trɑnʃəj]
arame (m) enfarpado	кIохцал-сара	[kʼɔhtsɑl sɑr]
barreira (f) anti-tanque	дуьхьало	[dʉhɑlɔ]
torre (f) de vigia	чардакх	[tʃɑrdɑq]

hospital (m) militar	госпиталь	[gɔspɪtɑlj]
ferir (vt)	чов ян	[tʃɔv jɑn]
ferida (f)	чов	[tʃɔv]
ferido (m)	чов хилла	[tʃɔv hɪll]
ficar ferido	чов хила	[tʃɔv hɪl]
grave (ferida ~)	хала	[hɑl]

156. Armas

arma (f)	герз	[gerz]
arma (f) de fogo	долу герз	[dɔlu gerz]
arma (f) branca	шийла герз	[ʃɪːl gerz]

arma (f) química	химически герз	[hɪmɪtʃeskɪ gerz]
nuclear (adj)	ядеран	[jɑderɑn]
arma (f) nuclear	ядеран герз	[jɑderɑn gerz]

bomba (f)	бомба	[bɔmb]
bomba (f) atômica	атоман бомба	[ɑtɔmɑn bɔmb]

pistola (f)	тапча	[tɑptʃ]
rifle (m)	топ	[tɔp]
semi-automática (f)	автомат	[ɑvtɔmɑt]
metralhadora (f)	пулемёт	[pulemʲot]

boca (f)	Iуьрг	[ˈʉrg]
cano (m)	чIижапрIа	[tʃʼɪʒɑrɣ]
calibre (m)	калибр	[kɑlɪbr]

gatilho (m)	лаг	[lɑg]
mira (f)	lалашо	[ˈɑlɑʃɔ]
carregador (m)	гIутакх	[ɣutɑq]
coronha (f)	хен	[hen]

granada (f) de mão	гранат	[grɑnɑt]
explosivo (m)	оьккхург	[økqurg]

bala (f)	даьндарг	[dændarg]
cartucho (m)	патарма	[patarm]
carga (f)	бустам	[bustam]
munições (f pl)	тӏеман гӏирс	[tʼeman ɣɪrs]

bombardeiro (m)	бомбардировщик	[bɔmbardɪrɔvɕɪk]
avião (m) de caça	истребитель	[ɪstrebɪtelj]
helicóptero (m)	вертолёт	[wertɔlʲot]

canhão (m) antiaéreo	зенитка	[zenɪtk]
tanque (m)	танк	[tank]
canhão (de um tanque)	йоккха топ	[jokq tɔp]

artilharia (f)	артиллери	[artɪllerɪ]
fazer a pontaria	тӏехьажо	[tʼehaʒɔ]

projétil (m)	снаряд	[snarʲad]
granada (f) de morteiro	мина	[mɪn]
morteiro (m)	миномёт	[mɪnɔmʲot]
estilhaço (m)	гериг	[gerɪg]

submarino (m)	хи буха лела кема	[hɪ buha lel kem]
torpedo (m)	торпеда	[tɔrped]
míssil (m)	ракета	[raket]

carregar (uma arma)	дуза	[duz]
disparar, atirar (vi)	кхийса	[qɪːs]
apontar para …	хьежо	[heʒɔ]
baioneta (f)	цхьамза	[tshamz]

espada (f)	шпага	[ʃpag]
sabre (m)	тур	[tur]
lança (f)	гоьмукъ	[gømuqʔ]
arco (m)	секха лад	[seq ʼad]
flecha (f)	пха	[ph]
mosquete (m)	мушкет	[muʃket]
besta (f)	арбалет	[arbalet]

157. Povos da antiguidade

primitivo (adj)	духхьарлера	[duharler]
pré-histórico (adj)	историл хьалхара	[ɪstɔrɪl halhar]
antigo (adj)	мацахлера	[matsahler]

Idade (f) da Pedra	Тӏулган оьмар	[tʼulgan ømar]
Idade (f) do Bronze	бронзанан оьмар	[brɔnzanan ømar]
Era (f) do Gelo	шен зама	[ʃen zam]

tribo (f)	тукхам	[tuqam]
canibal (m)	нахбууруг	[nahbuʼurg]
caçador (m)	таллархо	[tallarhɔ]
caçar (vi)	талла эха	[tall ɛh]
mamute (m)	мамонт	[mamɔnt]
caverna (f)	хьех	[heh]

fogo (m)	цӏе	[tsʼe]
fogueira (f)	цӏе	[tsʼe]
pintura (f) rupestre	тархаш тӏера суьрташ	[tarhaʃ tʼer sʉrtaʃ]
ferramenta (f)	къинхьегаман гӏирс	[qʔɪnhegaman ɣɪrs]
lança (f)	гоьмукъ	[gømuqʔ]
machado (m) de pedra	тӏулгийн диг	[tʼulgɪːn dɪg]
guerrear (vt)	тӏом бан	[tʼɔm ban]
domesticar (vt)	караламо	[karaˈamɔ]
ídolo (m)	цӏу	[tsʼu]
adorar, venerar (vt)	текъа	[teqʔ]
superstição (f)	доьгӏначух тешар	[døɣnatʃuh teʃar]
ritual (m)	ӏадат	[ˈadat]
evolução (f)	эволюци	[ɛvɔlʉtsɪ]
desenvolvimento (m)	кхиам	[qɪam]
extinção (f)	дӏадалар	[dʼadalar]
adaptar-se (vr)	дӏадола	[dʼadɔl]
arqueologia (f)	археологи	[arheɔlɔgɪ]
arqueólogo (m)	археолог	[arheɔlɔg]
arqueológico (adj)	археологин	[arheɔlɔgɪn]
escavação (sítio)	ахкар	[ahkar]
escavações (f pl)	ахкар	[ahkar]
achado (m)	карийнарг	[karɪːnarg]
fragmento (m)	дакъа	[daqʔ]

158. Idade média

povo (m)	халкъ	[halqʔ]
povos (m pl)	адамаш	[adamaʃ]
tribo (f)	тукхам	[tuqam]
tribos (f pl)	тукхамаш	[tuqamaʃ]
bárbaros (pl)	варварш	[varvarʃ]
galeses (pl)	галлаш	[gallaʃ]
godos (pl)	готаш	[gɔtaʃ]
eslavos (pl)	славянаш	[slavʲanaʃ]
viquingues (pl)	викинг	[wɪkɪng]
romanos (pl)	римлянаш	[rɪmljanaʃ]
romano (adj)	римски	[rɪmskɪ]
bizantinos (pl)	византийцаш	[wɪzantɪːtsaʃ]
Bizâncio	Византи	[wɪzantɪ]
bizantino (adj)	византийн	[wɪzantɪːn]
imperador (m)	император	[ɪmperatɔr]
líder (m)	баьчча	[bætʃ]
poderoso (adj)	нуьцкъала	[nʉtsqʔal]
rei (m)	паччахь	[patʃah]
governante (m)	урхалча	[urhaltʃ]

cavaleiro (m)	къонах	[qʔɔnah]
senhor feudal (m)	феодал	[feɔdal]
feudal (adj)	феодалийн	[feɔdalɪːn]
vassalo (m)	вассал	[vassal]
duque (m)	герцог	[gertsɔg]
conde (m)	граф	[graf]
barão (m)	барон	[barɔn]
bispo (m)	епископ	[epɪskɔp]
armadura (f)	гӀарӀ	[ɣaɣ]
escudo (m)	турс	[turs]
espada (f)	гӀалакх	[ɣalaq]
viseira (f)	цхар	[tshar]
cota (f) de malha	гӀарӀ	[ɣaɣ]
cruzada (f)	жӀаран тӀом	[ʒ'aran t'ɔm]
cruzado (m)	жӀархо	[ʒ'arhɔ]
território (m)	латта	[latt]
atacar (vt)	тӀелата	[t'elat]
conquistar (vt)	даккха	[dakq]
ocupar, invadir (vt)	дӀалаца	[d'alats]
assédio, sítio (m)	лацар	[latsar]
sitiado (adj)	лаьцна	[lætsn]
assediar, sitiar (vt)	лаца	[lats]
inquisição (f)	Ӏазап латтор	['azap lattɔr]
inquisidor (m)	Ӏазап латторхо	['azap lattɔrhɔ]
tortura (f)	Ӏазап	['azap]
cruel (adj)	къиза	[qʔɪz]
herege (m)	мунепакъ	[munepaqʔ]
heresia (f)	мунепакъ-Ӏилма	[munepaqʔ 'ɪlm]
navegação (f) marítima	хикема лелор	[hɪkem lelɔr]
pirata (m)	пират	[pɪrat]
pirataria (f)	пираталла	[pɪratall]
abordagem (f)	абордаж	[abɔrdaʒ]
presa (f), butim (m)	хӀонц	[h'ɔnts]
tesouros (m pl)	хазна	[hazn]
descobrimento (m)	гучудаккхар	[gutʃudakqar]
descobrir (novas terras)	гучудаккха	[gutʃudakq]
expedição (f)	экспедици	[ɛkspedɪtsɪ]
mosqueteiro (m)	мушкетёр	[muʃket^jor]
cardeal (m)	кардинал	[kardɪnal]
heráldica (f)	геральдика	[geraljdɪk]
heráldico (adj)	геральдически	[geraljdɪtʃeskɪ]

159. Líder. Chefe. Autoridades

rei (m)	паччахь	[patʃah]
rainha (f)	зуда-паччахь	[zud patʃah]

real (adj)	паччахьан	[patʃahan]
reino (m)	паччахьалла	[patʃahall]
príncipe (m)	принц	[prɪnts]
princesa (f)	принцесса	[prɪntsess]
presidente (m)	президент	[patʃah]
vice-presidente (m)	вице-президент	[wɪtse prezɪdent]
senador (m)	сенатхо	[senatho]
monarca (m)	монарх	[mɔnarh]
governante (m)	урхалча	[urhaltʃ]
ditador (m)	диктатор	[dɪktatɔr]
tirano (m)	Іазапхо	['azapho]
magnata (m)	магнат	[magnat]
diretor (m)	директор	[dɪrektɔr]
chefe (m)	куьйгалхо	[kʉjgalho]
gerente (m)	урхалхо	[urhalho]
patrão (m)	хьаькам	[hækam]
dono (m)	да	[d]
chefe (m)	куьйгалхо	[kʉjgalho]
autoridades (f pl)	хьаькамаш	[hækamaʃ]
superiores (m pl)	хьаькамаш	[hækamaʃ]
governador (m)	губернатор	[gubernatɔr]
cônsul (m)	консул	[kɔnsul]
diplomata (m)	дипломат	[dɪplɔmat]
Presidente (m) da Câmara	мэр	[mɛr]
xerife (m)	шериф	[ʃərɪf]
imperador (m)	император	[ɪmperatɔr]
czar (m)	паччахь	[patʃah]
faraó (m)	пирІон	[pɪr'ɔn]
cã, khan (m)	хан	[han]

160. Violação da lei. Criminosos. Parte 1

bandido (m)	талорхо	[talɔrhɔ]
crime (m)	зулам	[zulam]
criminoso (m)	зуламхо	[zulamho]
ladrão (m)	къу	[qʔu]
furto, roubo (m)	къола	[qʔɔl]
raptar, sequestrar (vt)	лачкъо	[latʃqʔɔ]
sequestro (m)	лачкъор	[latʃqʔɔr]
sequestrador (m)	лачкъийнарг	[latʃqʔɪːnarg]
resgate (m)	мах	[mah]
pedir resgate	мехах схьаэцар	[mehah shaətsar]
roubar (vt)	талор дан	[talɔr dan]
assalto, roubo (m)	талор, талор дар	[talɔr], [talɔr dar]

assaltante (m)	талорхо	[talɔrhɔ]
extorquir (vt)	нуьцкъала даккха	[nʉtsqʔal dakq]
extorsionário (m)	даккха гӏертарг	[dakq ɣertarg]
extorsão (f)	нуьцкъала даккхар	[nʉtsqʔal dakqar]
matar, assassinar (vt)	ден	[den]
homicídio (m)	дер	[der]
homicida, assassino (m)	дийнарг	[dɪːnarg]
tiro (m)	ялар	[jalar]
dar um tiro	кхосса	[qɔss]
matar a tiro	тоьпаца ден	[tøpats den]
disparar, atirar (vi)	кхийса	[qɪːs]
tiroteio (m)	кхийсар	[qɪːsar]
incidente (m)	хилларг	[hɪllarg]
briga (~ de rua)	вовшахлатар	[vɔvʃahlatar]
Socorro!	Го дан кхайкха!	[ɣɔ dan qajqa!],
	Орца дала!	[ɔrts dal]
vítima (f)	хӏаллакъхилларг	[hʼallaqʔɪllarg]
danificar (vt)	зен дан	[zen dan]
dano (m)	зен	[zen]
cadáver (m)	дакъа	[daqʔ]
grave (adj)	доккха	[dɔkq]
atacar (vt)	тӏелата	[tʼelat]
bater (espancar)	етта	[ett]
espancar (vt)	етта	[ett]
tirar, roubar (dinheiro)	дӏадаккха	[dʼadakq]
esfaquear (vt)	урс хьакха	[urs haq]
mutilar (vt)	заьӏап дан	[zæʼap dan]
ferir (vt)	чов ян	[tʃov jan]
chantagem (f)	шантаж	[ʃantaʒ]
chantagear (vt)	шантаж ян	[ʃantaʒ jan]
chantagista (m)	шантажхо	[ʃantaʒho]
extorsão (f)	рэкет	[rɛket]
extorsionário (m)	рэкитхо	[rɛkɪthɔ]
gângster (m)	гангстер	[gangster]
máfia (f)	мафи	[mafɪ]
punguista (m)	кисанан курхалча	[kɪsanan kurhaltʃ]
assaltante, ladrão (m)	къу	[qʔu]
contrabando (m)	контрабанда	[kɔntraband]
contrabandista (m)	контрабандхо	[kɔntrabandhɔ]
falsificação (f)	харц хӏума дар	[harts hʼum dar]
falsificar (vt)	тардан	[tardan]
falsificado (adj)	харц	[harts]

161. Violação da lei. Criminosos. Parte 2

estupro (m)	хьийзор	[hɪːzɔr]
estuprar (vt)	хьийзо	[hɪːzɔ]

estuprador (m)	ницкъбархо	[nɪtsqʔbarhɔ]
maníaco (m)	маньяк	[manjak]
prostituta (f)	кхахьпа	[qahp]
prostituição (f)	кхахьпалла	[qahpall]
cafetão (m)	сутенёр	[sutenʲor]
drogado (m)	наркоман	[narkɔman]
traficante (m)	наркоткаш йохкархо	[narkɔtɪkaʃ johkarhɔ]
explodir (vt)	эккхийта	[ɛkqɪːt]
explosão (f)	эккхар	[ɛkqar]
incendiar (vt)	лато	[latɔ]
incendiário (m)	цlетасархо	[ts'etasarhɔ]
terrorismo (m)	терроризм	[terrɔrɪzm]
terrorista (m)	террорхо	[terrɔrhɔ]
refém (m)	закъалт	[zaqʔalt]
enganar (vt)	lexo	['eho]
engano (m)	lexop	['ehor]
vigarista (m)	хlилланча	[h'ɪllantʃ]
subornar (vt)	эца	[ɛts]
suborno (atividade)	эцар	[ɛtsar]
suborno (dinheiro)	кхаъ	[qaʔ]
veneno (m)	дlовш	[d'ɔvʃ]
envenenar (vt)	дlовш мало	[d'ɔvʃ malɔ]
envenenar-se (vr)	дlовш мала	[d'ɔvʃ mal]
suicídio (m)	ша-шен дар	[ʃa ʃən dar]
suicida (m)	ша-шен дийнарг	[ʃa ʃən dɪːnarg]
ameaçar (vt)	кхерам тийса	[qeram tɪːs]
ameaça (f)	кхерор	[qerɔr]
atentar contra a vida de …	гlерта	[ɣert]
atentado (m)	гlортар	[ɣɔrtar]
roubar (um carro)	дlадига	[d'adɪg]
sequestrar (um avião)	дlадига	[d'adɪg]
vingança (f)	чlир	[tʃ'ɪr]
vingar (vt)	бекхам бан	[beqam ban]
torturar (vt)	lазап дан	['azap dan]
tortura (f)	lазап	['azap]
atormentar (vt)	lазап далло	['azap dallɔ]
pirata (m)	пират	[pɪrat]
desordeiro (m)	хулиган	[hulɪgan]
armado (adj)	герзан	[gerzan]
violência (f)	ницкъ бар	[nɪtsqʔ bar]
espionagem (f)	шпионаж	[ʃpɪɔnaʒ]
espionar (vi)	зен	[zen]

162. Polícia. Lei. Parte 1

justiça (sistema de ~)	дов хаттар	[dɔv hattar]
tribunal (m)	суд	[sud]
juiz (m)	суьдхо	[sʉdho]
jurados (m pl)	векалш	[wekalʃ]
tribunal (m) do júri	векалашан суьд	[wekalaʃan sʉd]
julgar (vt)	суд ян	[sud jan]
advogado (m)	хьехамча	[hehamtʃ]
réu (m)	суьдерниг	[sʉdernɪg]
banco (m) dos réus	суьдерниган гlант	[sʉdernɪgan ɣant]
acusação (f)	бехкедар	[behkedar]
acusado (m)	бехкевийриг	[behkevɪːrɪg]
sentença (f)	кхел	[qel]
sentenciar (vt)	кхел ян	[qel jan]
culpado (m)	бехкениг	[behkenɪg]
punir (vt)	таlзар дан	[ta'zar dan]
punição (f)	таlзар	[ta'zar]
multa (f)	гlуда	[ɣud]
prisão (f) perpétua	валлалц чуволлар	[vallalts tʃuvɔllar]
pena (f) de morte	ден суд ян	[den sud jan]
cadeira (f) elétrica	электрически гlант	[ɛlektrɪtʃeskɪ ɣant]
forca (f)	тангlалкх	[tanɣalq]
executar (vt)	ден	[den]
execução (f)	ден суд яр	[den sud jar]
prisão (f)	набахте	[nabahte]
cela (f) de prisão	камера	[kamer]
escolta (f)	кано	[kanɔ]
guarda (m) prisional	тlехьожург	[t'ehɔʒurg]
preso, prisioneiro (m)	лаьцна стаг	[læːtsn stag]
algemas (f pl)	гlоьмаш	[ɣøːmaʃ]
algemar (vt)	гlоьмаш йохка	[ɣøːmaʃ johk]
fuga, evasão (f)	дадар	[dadar]
fugir (vi)	дада	[dad]
desaparecer (vi)	къайладала	[q?ajladal]
soltar, libertar (vt)	мукъадаккха	[muq?adakq]
anistia (f)	амнисти	[amnɪstɪ]
polícia (instituição)	полици	[pɔlɪtsɪ]
polícia (m)	полици	[pɔlɪtsɪ]
delegacia (f) de polícia	полицин дакъа	[pɔlɪtsɪn daq?]
cassetete (m)	резинин чхьонкар	[rezɪnɪn tʃhɔnkar]
megafone (m)	рупор	[rupor]
carro (m) de patrulha	патрулан машина	[patrulan maʃɪn]

sirene (f)	сирена	[sɪren]
ligar a sirene	сирена лато	[sɪren latɔ]
toque (m) da sirene	yгlap	[uɣar]
cena (f) do crime	хилла меттиг	[hɪll mettɪg]
testemunha (f)	теш	[teʃ]
liberdade (f)	паргlато	[parɣatɔ]
cúmplice (m)	декъахо	[deqʔaho]
escapar (vi)	къайладала	[qʔajladal]
traço (não deixar ~s)	лар	[lar]

163. Polícia. Lei. Parte 2

procura (f)	лахар	[lahar]
procurar (vt)	леха	[leh]
suspeita (f)	шекьхилар	[ʃekʲhɪlar]
suspeito (adj)	шеконан	[ʃəkɔnan]
parar (veículo, etc.)	сацо	[satsɔ]
deter (fazer parar)	сацо	[satsɔ]
caso (~ criminal)	дов	[dɔv]
investigação (f)	таллам	[tallam]
detetive (m)	детектив, лахарча	[detektɪv], [lahartʃ]
investigador (m)	талламхо	[tallamho]
versão (f)	верси	[wersɪ]
motivo (m)	бахьана	[bahan]
interrogatório (m)	ледар	[ledar]
interrogar (vt)	ледан	[ledan]
questionar (vt)	ледан	[ledan]
verificação (f)	хьажар	[haʒar]
batida (f) policial	го бар	[gɔ bar]
busca (f)	хьажар	[haʒar]
perseguição (f)	тlаьхьадалар	[tʼæhadalar]
perseguir (vt)	тlаьхьадаьлла лела	[tʼæhadæll lel]
seguir, rastrear (vt)	хьежа	[heʒ]
prisão (f)	лацар	[latsar]
prender (vt)	лаца	[lats]
pegar, capturar (vt)	схьалаца	[shalats]
documento (m)	документ	[dɔkument]
prova (f)	тешам	[teʃam]
provar (vt)	тешо	[teʃɔ]
pegada (f)	лар	[lar]
impressões (f pl) digitais	тlелгийн таммагланаш	[tʼelgɪːn tammaɣanaʃ]
prova (f)	бахьана	[bahan]
álibi (m)	алиби	[alɪbɪ]
inocente (adj)	бехке доцу	[behke dɔtsu]
injustiça (f)	нийсо цахилар	[nɪːsɔ tsahɪlar]
injusto (adj)	нийса доцу	[nɪːs dɔtsu]
criminal (adj)	криминалан	[krɪmɪnalan]

confiscar (vt)	пачхьалкхдаккха	[patʃhalqdakq]
droga (f)	наркотик	[narkɔtɪk]
arma (f)	герз	[gerz]
desarmar (vt)	герз схьадаккха	[gerz shadakq]
ordenar (vt)	омра дан	[ɔmr dan]
desaparecer (vi)	къайладала	[qʔajladal]
lei (f)	закон	[zakɔn]
legal (adj)	законехь	[zakɔneh]
ilegal (adj)	законехь доцу	[zakɔneh dɔtsu]
responsabilidade (f)	жоьпалла	[ʒøpall]
responsável (adj)	жоьпаллин	[ʒøpallɪn]

NATUREZA

A Terra. Parte 1

164. Espaço sideral

espaço, cosmo (m)	космос	[kɔsmɔs]
espacial, cósmico (adj)	космосан	[kɔsmɔsan]
espaço (m) cósmico	космосан меттиг	[kɔsmɔsan mettɪg]
mundo (m)	дуьне	[dyne]
universo (m)	Іалам	['alam]
galáxia (f)	галактика	[galaktɪk]
estrela (f)	седа	[sed]
constelação (f)	седарчий гулам	[sedartʃɪː gulam]
planeta (m)	дуьне	[dyne]
satélite (m)	спутник	[sputnɪk]
meteorito (m)	метеорит	[meteɔrɪt]
cometa (m)	комета	[kɔmet]
asteroide (m)	астероид	[asterɔɪd]
órbita (f)	орбита	[ɔrbɪt]
girar (vi)	хьийза	[hɪːz]
atmosfera (f)	хІаваъ	[h'avaʔ]
Sol (m)	Малх	[malh]
Sistema (m) Solar	Маьлхан система	[mælhan sɪstem]
eclipse (m) solar	малх лацар	[malh latsar]
Terra (f)	Латта	[latt]
Lua (f)	Бутт	[butt]
Marte (m)	Марс	[mars]
Vênus (f)	Венера	[wener]
Júpiter (m)	Юпитер	[jupɪter]
Saturno (m)	Сатурн	[saturn]
Mercúrio (m)	Меркурий	[merkurɪː]
Urano (m)	Уран	[uran]
Netuno (m)	Нептун	[neptun]
Plutão (m)	Плутон	[plutɔn]
Via Láctea (f)	Ча такхийна Тача	[tʃa taqɪːn tatʃ]
Ursa Maior (f)	ВорхІ вешин ворхІ седа	[vɔrh weʃɪn vɔrh sed]
Estrela Polar (f)	Къилбаседа	[qʔɪlbased]
marciano (m)	марсианин	[marsɪanɪn]
extraterrestre (m)	инопланетянин	[ɪnɔplanet'anɪn]

alienígena (m)	пришелец	[prɪʃelets]
disco (m) voador	хӏаваэхула лела тарелка	[h'avaɛhul lel tarelk]
espaçonave (f)	космосан кема	[kɔsmɔsan kem]
estação (f) orbital	орбитин станци	[ɔrbɪtɪn stantsɪ]
lançamento (m)	старт	[start]
motor (m)	двигатель	[dwɪgatelj]
bocal (m)	сопло	[sɔplɔ]
combustível (m)	ягорг	[jagɔrg]
cabine (f)	кабина	[kabɪn]
antena (f)	антенна	[anten]
vigia (f)	иллюминатор	[ɪllʉmɪnatɔr]
bateria (f) solar	маьлхан батарей	[mælhan batarej]
traje (m) espacial	скафандр	[skafandr]
imponderabilidade (f)	йозалла яр	[jɔzall jar]
oxigênio (m)	кислород	[kɪslɔrɔd]
acoplagem (f)	вовшахтасар	[vɔvʃahtasar]
fazer uma acoplagem	вовшахтасса	[vɔvʃahtass]
observatório (m)	обсерватори	[ɔbservatɔrɪ]
telescópio (m)	телескоп	[teleskɔp]
observar (vt)	тергам бан	[tergam ban]
explorar (vt)	талла	[tall]

165. A Terra

Terra (f)	Латта	[latt]
globo terrestre (Terra)	дуьне	[dʉne]
planeta (m)	дуьне, планета	[dʉne], [planet]
atmosfera (f)	атмосфера	[atmɔsfer]
geografia (f)	географи	[geɔgrafɪ]
natureza (f)	Ӏалам	['alam]
globo (mapa esférico)	глобус	[glɔbus]
mapa (m)	карта	[kart]
atlas (m)	атлас	[atlas]
Europa (f)	Европа	[evrɔp]
Ásia (f)	Ази	[azɪ]
África (f)	Африка	[afrɪk]
Austrália (f)	Australi	[avstralɪ]
América (f)	Америка	[amerɪk]
América (f) do Norte	Къилбаседан Америка	[qʔɪlbasedan amerɪk]
América (f) do Sul	Къилбера Америка	[qʔɪlber amerɪk]
Antártida (f)	Антарктида	[antarktɪd]
Ártico (m)	Арктика	[arktɪk]

166. Pontos cardeais

norte (m)	къилбаседа	[qʔɪlbased]
para norte	къилбаседехьа	[qʔɪlbasedeh]
no norte	къилбаседехь	[qʔɪlbasedeh]
do norte (adj)	къилбаседан	[qʔɪlbasedan]
sul (m)	къилбе	[qʔɪlbe]
para sul	къилбехьа	[qʔɪlbeh]
no sul	къилбехь	[qʔɪlbeh]
do sul (adj)	къилбера	[qʔɪlber]
oeste, ocidente (m)	малхбузе	[malhbuze]
para oeste	малхбузехьа	[malhbuzeh]
no oeste	малхбузехь	[malhbuzeh]
ocidental (adj)	малхбузера	[malhbuzer]
leste, oriente (m)	малхбале	[malhbale]
para leste	малхбалехьа	[malhbaleh]
no leste	малхбалехь	[malhbaleh]
oriental (adj)	малхбалехьара	[malhbalehar]

167. Mar. Oceano

mar (m)	хӀорд	[hʼɔrd]
oceano (m)	хӀорд, океан	[hʼɔrd], [ɔkean]
golfo (m)	айма	[ajm]
estreito (m)	хидоькъе	[hɪdøqʔe]
terra (f) firme	латта	[latt]
continente (m)	материк	[materɪk]
ilha (f)	гӀайре	[ɣajre]
península (f)	ахгӀайре	[ʼahɣajre]
arquipélago (m)	архипелаг	[arhɪpelag]
baía (f)	бухта	[buht]
porto (m)	гавань	[gavanj]
lagoa (f)	лагуна	[lagun]
cabo (m)	мара	[mar]
atol (m)	атолл	[atɔll]
recife (m)	риф	[rɪf]
coral (m)	маржак	[marʒak]
recife (m) de coral	маржанийн риф	[marʒanɪːn rɪf]
profundo (adj)	кӀоарга	[kʼɔarg]
profundidade (f)	кӀоргалла	[kʼɔrgall]
abismo (m)	бух боцу Ӏин	[buh bɔtsu ʼɪn]
fossa (f) oceânica	кӀаг	[kʼag]
corrente (f)	дӀаэхар	[dʼaəhar]
banhar (vt)	го баьккхина хи хила	[gɔ bækqɪn hɪ hɪl]
litoral (m)	хийист	[hɪːɪst]

costa (f)	йист	[jıst]
maré (f) alta	хӏорд тӏекхетар	[h'ɔrd t'eqetar]
refluxo (m)	хӏорд чубожа боьлла	[h'ɔrd ʧubɔʒ bøll]
restinga (f)	гомхе	[gɔmhe]
fundo (m)	бух	[buh]
onda (f)	тулгӏе	[tulɣe]
crista (f) da onda	тулгӏийн дукъ	[tulɣi:n duq?]
espuma (f)	чопа	[ʧɔp]
tempestade (f)	дарц	[darts]
furacão (m)	мох балар	[mɔh balar]
tsunami (m)	цунами	[tsunamı]
calmaria (f)	штиль	[ʃtılj]
calmo (adj)	тийна	[ti:n]
polo (m)	полюс	[polʉs]
polar (adj)	полюсан	[polʉsan]
latitude (f)	шоралла	[ʃɔrall]
longitude (f)	дохалла	[dɔhall]
paralela (f)	параллель	[parallelj]
equador (m)	экватор	[ɛkvatɔr]
céu (m)	дуьне	[dʉne]
horizonte (m)	ана	[an]
ar (m)	хӏаваъ	[h'ava?]
farol (m)	маяк	[majak]
mergulhar (vi)	чулелха	[ʧulelh]
afundar-se (vr)	бухадаха	[buhadah]
tesouros (m pl)	хазна	[hazn]

168. Montanhas

montanha (f)	лам	[lam]
cordilheira (f)	ламнийн морӏа	[lamnı:n mɔɣ]
serra (f)	ламанан дукъ	[lamanan duq?]
cume (m)	бохь	[bɔh]
pico (m)	бохь	[bɔh]
pé (m)	кӏажа	[k'aʒ]
declive (m)	басе	[base]
vulcão (m)	тӏаплам	[t'aplam]
vulcão (m) ativo	тӏепинг	[t'epıng]
vulcão (m) extinto	байна тӏаплам	[bajn t'aplam]
erupção (f)	хьалатохар	[halatɔhar]
cratera (f)	кратер	[krater]
magma (m)	магма	[magm]
lava (f)	лава	[lav]
fundido (lava ~a)	цӏийдина	[ts'i:dın]
cânion, desfiladeiro (m)	ӏин	['ın]

| garganta (f) | ч1ож | [tʃʼɔӡ] |
| fenda (f) | ч1аж | [tʃʼɑӡ] |

passo, colo (m)	ламанан дукъ	[lamanan duqʔ]
planalto (m)	акъари	[ʼaqʔarɪ]
falésia (f)	тарх	[tarh]
colina (f)	гу	[gu]

geleira (f)	ша-ор	[ʃa ɔr]
cachoeira (f)	чухчари	[tʃuhtʃarɪ]
gêiser (m)	гейзер	[gejzer]
lago (m)	1ам	[ʼam]

planície (f)	аре	[are]
paisagem (f)	пейзаж	[pejzaӡ]
eco (m)	йилбазмохь	[jɪlbazmɔh]

alpinista (m)	алтпинист	[altpɪnɪst]
escalador (m)	тархашхо	[tarhaʃho]
conquistar (vt)	карадало	[karadalɔ]
subida, escalada (f)	т1едалар	[tʼedalar]

169. Rios

rio (m)	доьду хи	[dødu hɪ]
fonte, nascente (f)	хьост, шовда	[hɔst], [ʃɔvd]
leito (m) de rio	харш	[harʃ]
bacia (f)	бассейн	[bassejn]
desaguar no ...	кхета	[qet]

| afluente (m) | га | [g] |
| margem (do rio) | хийист | [hɪːɪst] |

corrente (f)	д1аэхар	[dʼaehar]
rio abaixo	хица охьа	[hɪts ɔh]
rio acima	хица хьала	[hɪts hal]

inundação (f)	хи т1едалар	[hɪ tʼedalar]
cheia (f)	дестар	[destar]
transbordar (vi)	деста	[dest]
inundar (vt)	д1ахьулдан	[dʼahuldan]

| banco (m) de areia | гомхалла | [gɔmhall] |
| corredeira (f) | тарх | [tarh] |

barragem (f)	сунт	[sunt]
canal (m)	татол	[tatɔl]
reservatório (m) de água	латтийла	[lattɪːl]
eclusa (f)	шлюз	[ʃlʉz]

corpo (m) de água	1ам	[ʼam]
pântano (m)	уьшал	[ʉʃal]
lamaçal (m)	уьшал	[ʉʃal]
redemoinho (m)	айма	[ajm]

riacho (m)	татол	[tatɔl]
potável (adj)	молу	[mɔlu]
doce (água)	теза	[tez]
gelo (m)	ша	[ʃ]
congelar-se (vr)	ша бан	[ʃa ban]

170. Floresta

floresta (f), bosque (m)	хьун	[hun]
florestal (adj)	хьунан	[hunan]
mata (f) fechada	варш	[varʃ]
arvoredo (m)	боьлак	[bølak]
clareira (f)	ирзу	[ɪrzu]
matagal (m)	коьллаш	[køllaʃ]
mato (m), caatinga (f)	колл	[kɔll]
pequena trilha (f)	тача	[tatʃ]
ravina (f)	боьра	[bør]
árvore (f)	дитт	[dɪtt]
folha (f)	гIа	[ɣa]
folhagem (f)	гIаш	[ɣaʃ]
queda (f) das folhas	гIа дожар	[ɣa dɔʒar]
cair (vi)	охьа дожа	[ɔh dɔʒ]
topo (m)	бохь	[bɔh]
ramo (m)	га	[g]
galho (m)	га	[g]
botão (m)	патар	[patar]
agulha (f)	кIохцалг	[kʼɔhtsalg]
pinha (f)	бIар	[bʼar]
buraco (m) de árvore	хара	[har]
ninho (m)	бен	[ben]
toca (f)	IуьргI	[ʼʉrg]
tronco (m)	гIад	[ɣad]
raiz (f)	орам	[ɔram]
casca (f) de árvore	кевстиг	[kevstɪg]
musgo (m)	корсам	[kɔrsam]
arrancar pela raiz	бухдаккха	[buhdakq]
cortar (vt)	хьакха	[haq]
desflorestar (vt)	хьакха	[haq]
toco, cepo (m)	юьхк	[juhk]
fogueira (f)	цIе	[tsʼe]
incêndio (m) florestal	цIе	[tsʼe]
apagar (vt)	дIадайа	[dʼadaj]
guarda-parque (m)	хьуьнхо	[hʉnho]

proteção (f)	лардар	[lardar]
proteger (a natureza)	лардан	[lardan]
caçador (m) furtivo	браконьер	[brakɔnjer]
armadilha (f)	гура	[gur]
colher (cogumelos, bagas)	лахьо	[lahɔ]
perder-se (vr)	тила	[tɪl]

171. Recursos naturais

recursos (m pl) naturais	Іаламан тІаьхьалонаш	[ʼalaman tʼæhalɔnaʃ]
minerais (m pl)	пайде маьІданаш	[pajde mæʼdanaʃ]
depósitos (m pl)	маьІданаш	[mæʼdanaʃ]
jazida (f)	маьІданаш дохку	[mæʼdanaʃ dɔhku]
extrair (vt)	даккха	[dakqa]
extração (f)	даккхар	[dakqar]
minério (m)	маьІда	[mæʼd]
mina (f)	маьІда доккхийла, шахта	[mæʼd dɔkqɪːl], [ʃaht]
poço (m) de mina	шахта	[ʃaht]
mineiro (m)	кІорабаккхархо	[kʼɔrabakqarhɔ]
gás (m)	газ	[gaz]
gasoduto (m)	газъюьгург	[gazʔʉgurg]
petróleo (m)	нефть	[neftʲ]
oleoduto (m)	нефтьузург	[neftʲuzurg]
poço (m) de petróleo	нефтан чардакх	[neftan tʃardaq]
torre (f) petrolífera	буру туху вышка	[buru tuhu vɪʃk]
petroleiro (m)	танкер	[tanker]
areia (f)	гІум	[ɣum]
calcário (m)	кир-маьІда	[kɪr mæʼd]
cascalho (m)	жагІа	[ʒaɣ]
turfa (f)	Іеха	[ʼeh]
argila (f)	поппар	[pɔppar]
carvão (m)	кІора	[kʼɔr]
ferro (m)	эчиг	[ɛtʃɪg]
ouro (m)	деши	[deʃɪ]
prata (f)	дети	[detɪ]
níquel (m)	никель	[nɪkelj]
cobre (m)	цІаста	[tsʼast]
zinco (m)	цинк	[tsɪnk]
manganês (m)	марганец	[marganets]
mercúrio (m)	гинсу	[gɪnsu]
chumbo (m)	даш	[daʃ]
mineral (m)	минерал	[mɪneral]
cristal (m)	кристалл	[krɪstall]
mármore (m)	шагаtІулг	[ʃagatʼulg]
urânio (m)	уран	[uran]

A Terra. Parte 2

172. Tempo

tempo (m)	хенан хӀоттам	[henɑn h'ɔttɑm]
previsão (f) do tempo	хенан хӀоттаман прогноз	[henɑn h'ɔttɑmɑn prɔgnɔz]
temperatura (f)	температура	[temperɑtur]
termômetro (m)	термометр	[termɔmetr]
barômetro (m)	барометр	[bɑrɔmetr]
umidade (f)	тӀуьнан	[t'ʉnɑn]
calor (m)	йовхо	[jovho]
tórrido (adj)	довха	[dɔvh]
está muito calor	йовха	[jovh]
está calor	йовха	[jovh]
quente (morno)	довха	[dɔvh]
está frio	шийла	[ʃɪːl]
frio (adj)	шийла	[ʃɪːl]
sol (m)	малх	[mɑlh]
brilhar (vi)	кхета	[qet]
de sol, ensolarado	маьлхан	[mælhɑn]
nascer (vi)	схьакхета	[shɑqet]
pôr-se (vr)	чубуза	[ʧubuz]
nuvem (f)	марха	[mɑrh]
nublado (adj)	мархаш йолу	[mɑrhɑʃ jolu]
nuvem (f) preta	марха	[mɑrh]
escuro, cinzento (adj)	кхоьлина	[qølɪn]
chuva (f)	догӀа	[dɔɣ]
está a chover	догӀа догӀу	[dɔɣ dɔɣu]
chuvoso (adj)	догӀане	[dɔɣɑne]
chuviscar (vi)	серса	[sers]
chuva (f) torrencial	кхевсина догӀа	[qevsɪn dɔɣ]
aguaceiro (m)	догӀа	[dɔɣ]
forte (chuva, etc.)	чӀогӀа	[ʧ'ɔɣ]
poça (f)	Ӏам	['ɑm]
molhar-se (vr)	тӀадо	[t'ɑdɔ]
nevoeiro (m)	дохк	[dɔhk]
de nevoeiro	дохк долу	[dɔhk dolu]
neve (f)	ло	[lɔ]
está nevando	ло догӀу	[lɔ dɔɣu]

173. Tempo extremo. Catástrofes naturais

trovoada (f)	йочана	[joʧan]
relâmpago (m)	ткъес	[tqʔes]
relampejar (vi)	стега	[steg]
trovão (m)	стигал къовкъар	[stɪgal qʔɔvqʔar]
trovejar (vi)	къекъа	[qʔeqʔ]
está trovejando	стигал къекъа	[stɪgal qʔeqʔ]
granizo (m)	къора	[qʔɔr]
está caindo granizo	къора йогІу	[qʔɔr joɣu]
inundar (vt)	дІахьулдан	[dʼahuldan]
inundação (f)	хи тІедалар	[hɪ tʼedalar]
terremoto (m)	мохк бегор	[mɔhk begɔr]
abalo, tremor (m)	дегар	[degar]
epicentro (m)	эпицентр	[ɛpɪtsentr]
erupção (f)	хьалатохар	[halatɔhar]
lava (f)	лава	[lav]
tornado (m)	йилбазмох	[jɪlbazmɔh]
tornado (m)	торнадо	[tɔrnadɔ]
tufão (m)	тайфун	[tajfun]
furacão (m)	мох балар	[mɔh balar]
tempestade (f)	дарц	[darts]
tsunami (m)	цунами	[tsunamɪ]
ciclone (m)	дарц	[darts]
mau tempo (m)	йочана	[joʧan]
incêndio (m)	цІе	[tsʼe]
catástrofe (f)	катастрофа	[katastrɔf]
meteorito (m)	метеорит	[meteɔrɪt]
avalanche (f)	хьаьтт	[hætt]
deslizamento (m) de neve	чухарцар	[ʧuhartsar]
nevasca (f)	дарц	[darts]
tempestade (f) de neve	дарц	[darts]

Fauna

174. Mamíferos. Predadores

predador (m)	гӀира экха	[ɣɪr ɛq]
tigre (m)	цӀоькъалом	[ts'øq?alɔm]
leão (m)	лом	[lɔm]
lobo (m)	борз	[bɔrz]
raposa (f)	цхьогал	[tshɔgal]
jaguar (m)	ягуар	[jaguar]
leopardo (m)	леопард	[leɔpard]
chita (f)	гепард	[gepard]
pantera (f)	пантера	[panter]
puma (m)	пума	[pum]
leopardo-das-neves (m)	лайн цӀокъ	[lajn ts'ɔq?]
lince (m)	акха цициг	[aq tsɪtsɪg]
coiote (m)	койот	[kɔjot]
chacal (m)	чагӀалкх	[tʃaɣalq]
hiena (f)	чагӀалкх	[tʃaɣalq]

175. Animais selvagens

animal (m)	дийнат	[dɪːnat]
besta (f)	экха	[ɛq]
esquilo (m)	тарсал	[tarsal]
ouriço (m)	зу	[zu]
lebre (f)	пхьагал	[phagal]
coelho (m)	кролик	[krɔlɪk]
texugo (m)	далам	[da'am]
guaxinim (m)	акха жӀаьла	['aq ʒ'æl]
hamster (m)	оьпа	[øp]
marmota (f)	дӀам	[d'am]
toupeira (f)	боьлкъазар	[bølq?azar]
rato (m)	дахка	[dahk]
ratazana (f)	мукадахка	[mukadahk]
morcego (m)	бирдолаг	[bɪrdɔlag]
arminho (m)	горностай	[gɔrnɔstaj]
zibelina (f)	салор	[salɔr]
marta (f)	салор	[salɔr]
doninha (f)	дингад	[dɪngad]
visom (m)	норка	[nɔrk]

castor (m)	бобр	[bɔbr]
lontra (f)	хешт	[heʃt]

cavalo (m)	говр	[gɔvr]
alce (m)	боккха сай	[bɔkq saj]
veado (m)	сай	[saj]
camelo (m)	эмкал	[ɛmkal]

bisão (m)	бизон	[bɪzɔn]
auroque (m)	була	[bul]
búfalo (m)	гомаш-буга	[gɔmaʃ bug]

zebra (f)	зебр	[zebr]
antílope (m)	антилопа	[antɪlɔp]
corça (f)	лу	[lu]
gamo (m)	шоьккари	[ʃøkkarɪ]
camurça (f)	масар	[masar]
javali (m)	нал	[nal]

baleia (f)	кит	[kɪt]
foca (f)	тюлень	[tʉlenj]
morsa (f)	морж	[mɔrʒ]
urso-marinho (m)	котик	[kɔtɪk]
golfinho (m)	дельфин	[deljfɪn]

urso (m)	ча	[tʃ]
urso (m) polar	кӏайн ча	[kʼajn tʃa]
panda (m)	панда	[pand]

macaco (m)	маймал	[majmal]
chimpanzé (m)	шимпанзе	[ʃɪmpanze]
orangotango (m)	орангутанг	[ɔrangutang]
gorila (f)	горилла	[gɔrɪll]
macaco (m)	макака	[makak]
gibão (m)	гиббон	[gɪbbɔn]

elefante (m)	пийл	[pɪːl]
rinoceronte (m)	мермаӏа	[mermaʼ]
girafa (f)	жираф	[ʒɪraf]
hipopótamo (m)	бегемот	[begemɔt]

canguru (m)	кенгуру	[kenguru]
coala (m)	коала	[kɔal]

mangusto (m)	мангуст	[mangust]
chinchila (f)	шиншилла	[ʃɪnʃɪll]
cangambá (f)	скунс	[skuns]
porco-espinho (m)	дикобраз	[dɪkɔbraz]

176. Animais domésticos

gata (f)	цициг	[tsɪtsɪg]
gato (m) macho	цициг	[tsɪtsɪg]
cavalo (m)	говр	[gɔvr]

garanhão (m)	айгӏар	[ˈajɣar]
égua (f)	кхела	[qel]

vaca (f)	етта	[ett]
touro (m)	сту	[stu]
boi (m)	сту	[stu]

ovelha (f)	жий	[ʒɪː]
carneiro (m)	уьстагӏ	[ʉstaɣ]
cabra (f)	газа	[gaz]
bode (m)	бож	[bɔʒ]

burro (m)	вир	[wɪr]
mula (f)	бӏарза	[bˈarz]

porco (m)	хьакха	[haq]
leitão (m)	хуьрсик	[hʉrsɪk]
coelho (m)	кролик	[krɔlɪk]

galinha (f)	котам	[kɔtam]
galo (m)	боргӏал	[bɔrɣal]

pata (f), pato (m)	бад	[bad]
pato (m)	нӏаьна-бад	[nˈæn bad]
ganso (m)	гӏаз	[ɣaz]

peru (m)	москал-нӏаьна	[mɔskal nˈæn]
perua (f)	москал-котам	[mɔskal kɔtam]

animais (m pl) domésticos	цӏера дийнаташ	[tsˈer dɪˈnataʃ]
domesticado (adj)	караламийна	[karaˈamɪːn]
domesticar (vt)	караламо	[karaˈamɔ]
criar (vt)	лело	[lelɔ]

fazenda (f)	ферма	[ferm]
aves (f pl) domésticas	зӏакардаьхний	[zˈakardæhnɪː]
gado (m)	хьайбанаш	[hajbanaʃ]
rebanho (m), manada (f)	бажа	[baʒ]

estábulo (m)	божал	[bɔʒal]
chiqueiro (m)	хьакхарчийн божал	[haqartʃɪːn bɔʒal]
estábulo (m)	божал	[bɔʒal]
coelheira (f)	кроликийн бун	[krɔlɪkɪːn bun]
galinheiro (m)	котаман бун	[kɔtaman bun]

177. Cães. Raças de cães

cão (m)	жӏаьла	[ʒˈæl]
cão pastor (m)	жен жӏаьла	[ʒen ʒˈæl]
poodle (m)	пудель	[pudelj]
linguicinha (m)	такса	[taks]

buldogue (m)	бульдог	[buljdɔg]
boxer (m)	боксёр	[bɔksʲor]

mastim (m)	мастиф	[mastɪf]
rottweiler (m)	ротвейлер	[rɔtwejler]
dóberman (m)	доберман	[dɔberman]
basset (m)	бассет	[basset]
pastor inglês (m)	бобтейл	[bɔbtejl]
dálmata (m)	далматинец	[dalmatɪnets]
cocker spaniel (m)	кокер-спаниель	[kɔker spanɪelj]
terra-nova (m)	ньюфаундленд	[njʉfaundlend]
são-bernardo (m)	сенбернар	[senbernar]
husky (m) siberiano	хаски	[haskɪ]
Chow-chow (m)	чау-чау	[tʃau tʃau]
spitz alemão (m)	кӏезалг	[k'ezalg]
pug (m)	мопс	[mɔps]

178. Sons produzidos pelos animais

latido (m)	гӏалх	[ɣalh]
latir (vi)	гӏалх дан	[ɣalh dan]
miar (vi)	ӏаха	['ah]
ronronar (vi)	мур дан	[mur dan]
mugir (vaca)	ӏеха	['eh]
bramir (touro)	ӏеха	['eh]
rosnar (vi)	гӏиргӏ дан	[ɣɪɣ dan]
uivo (m)	уьгӏар	[uɣar]
uivar (vi)	уьгӏа	[uɣ]
ganir (vi)	цӏовза	[ts'ɔvz]
balir (vi)	ӏеха	['eh]
grunhir (vi)	хур-хур дан	[hur hur dan]
guinchar (vi)	цӏовза	[ts'ɔvz]
coaxar (sapo)	вакъ-вакъ баха	[vaqʔ vaqʔ bah]
zumbir (inseto)	зуз дан	[zuz dan]
ziziar (vi)	чӏа-чӏа дан	[tʃ'a tʃ'a dan]

179. Pássaros

pássaro (m), ave (f)	олхазар	[ɔlhazar]
pombo (m)	кхокха	[qɔq]
pardal (m)	хьоза	[hɔz]
chapim-real (m)	цӏирцӏирхьоза	[tsˈɪrtsˈɪrhɔz]
pega-rabuda (f)	къорза къиг	[qʔɔrz qʔɪg]
corvo (m)	хьаргӏа	[harɣ]
gralha-cinzenta (f)	къиг	[qʔɪg]
gralha-de-nuca-cinzenta (f)	жагӏжагӏа	[ʒaɣʒaɣ]
gralha-calva (f)	човка	[tʃɔvk]

pato (m)	бад	[bad]
ganso (m)	гӏаз	[ɣaz]
faisão (m)	акха котам	[aq kɔtam]
águia (f)	аьрзу	[ærzu]
açor (m)	куьйра	[kɥjr]
falcão (m)	леча	[letʃ]
abutre (m)	ломъаьрзу	[lɔmʔærzu]
condor (m)	кондор	[kɔndɔr]
cisne (m)	гӏургӏаз	[ɣurɣaz]
grou (m)	гӏаргӏули	[ɣarɣulɪ]
cegonha (f)	чӏерийдохург	[tʃʼerɪːdɔhurg]
papagaio (m)	тоти	[tɔtɪ]
beija-flor (m)	колибри	[kɔlɪbrɪ]
pavão (m)	тӏаус	[tʼaus]
avestruz (m)	страус	[straus]
garça (f)	чӏерийлоьцург	[tʃʼerɪːløtsurg]
flamingo (m)	фламинго	[flamɪngɔ]
pelicano (m)	пеликан	[pelɪkan]
rouxinol (m)	зарзар	[zarzar]
andorinha (f)	чӏегӏардиг	[tʃʼeɣardɪg]
tordo-zornal (m)	шоршал	[ʃɔrʃal]
tordo-músico (m)	дека шоршал	[dek ʃɔrʃal]
melro-preto (m)	Іаьржа шоршал	[ˈærʒ ʃɔrʃal]
andorinhão (m)	мерцхалдиг	[mertshaldɪg]
cotovia (f)	нӏаьвла	[nʼævl]
codorna (f)	лекъ	[leqʔ]
pica-pau (m)	хенакӏур	[henakʼur]
cuco (m)	хӏуттут	[hʼuttut]
coruja (f)	бухӏа	[buhʼ]
bufo-real (m)	соьк	[søk]
tetraz-grande (m)	къоракуота	[qʔɔrakuɔt]
tetraz-lira (m)	акха котам	[aq kɔtam]
perdiz-cinzenta (f)	моша	[mɔʃ]
estorninho (m)	алкханч	[alqantʃ]
canário (m)	можа хьоза	[mɔʒ hɔz]
galinha-do-mato (f)	акха котам	[aq kɔtam]
tentilhão (m)	хьуьнан хьоза	[hɥnan hɔz]
dom-fafe (m)	лайн хьоза	[lajn hɔz]
gaivota (f)	чайка	[tʃajk]
albatroz (m)	альбатрос	[aljbatrɔs]
pinguim (m)	пингвин	[pɪngwɪn]

180. Pássaros. Canto e sons

cantar (vi)	дека	[dek]
gritar, chamar (vi)	мохь бетта	[mɔh bett]

cantar (o galo) cocorocó (m)	кхайкха Iуы Iape-Iуь	[qɑjq] ['ʉʃ 'ɑre 'ʉ]

cacarejar (vi)	кIа-кIа дан	[k'ɑ k'ɑ dɑn]
crocitar (vi)	къа-къа дан	[qʔɑ qʔɑ dɑn]
grasnar (vi)	вакъ-вакъ баха	[vɑqʔ vɑqʔ bɑh]
piar (vi)	цIийза	[tsʼɪːz]
chilrear, gorjear (vi)	гIир-гIир дан	[ɣɪr ɣɪr dɑn]

181. Peixes. Animais marinhos

brema (f)	чабакх-чIара	[tʃɑbɑq tʃʼɑr]
carpa (f)	карп	[kɑrp]
perca (f)	окунь	[ɔkunj]
siluro (m)	яй	[jɑj]
lúcio (m)	гIазкхийн чIара	[ɣɑzqɪːn tʃʼɑr]

salmão (m)	лосось	[lɔsɔsʲ]
esturjão (m)	цIен чIара	[tsʼen tʃʼɑr]

arenque (m)	сельдь	[seljdʲ]
salmão (m) do Atlântico	сёмга	[sʲomg]

cavala, sarda (f)	скумбри	[skumbrɪ]
solha (f), linguado (m)	камбала	[kɑmbɑl]

lúcio perca (m)	судак	[sudɑk]
bacalhau (m)	треска	[tresk]

atum (m)	тунец	[tunets]
truta (f)	бакъ чIара	[bɑqʔ tʃʼɑr]

enguia (f)	жIаьлин чIара	[ʒ'ælɪn tʃʼɑr]
raia (f) elétrica	электрически скат	[ɛlektrɪtʃeskɪ skɑt]

moreia (f)	мурена	[muren]
piranha (f)	пиранья	[pɪrɑnj]

tubarão (m)	гIоркхма	[ɣɔrqm]
golfinho (m)	дельфин	[deljfɪn]
baleia (f)	кит	[kɪt]

caranguejo (m)	краб	[krɑb]
água-viva (f)	медуза	[meduz]
polvo (m)	бархIкогберг	[bɑrh'kɔgberg]

estrela-do-mar (f)	хIордан седа	[h'ɔrdɑn sed]
ouriço-do-mar (m)	хIордан зу	[h'ɔrdɑn zu]
cavalo-marinho (m)	хIордан говр	[h'ɔrdɑn gɔvr]

ostra (f)	устрица	[ustrɪts]
camarão (m)	креветка	[krewetk]
lagosta (f)	омар	[ɔmɑr]
lagosta (f)	лангуст	[lɑngust]

182. Anfíbios. Répteis

cobra (f)	лаьхьа	[læh]
venenoso (adj)	дIаьвше	[d'ævʃ]
víbora (f)	лаьхьа	[læh]
naja (f)	кобра	[kɔbr]
píton (m)	питон	[pɪtɔn]
jiboia (f)	саьрмикъ	[særmɪqʔ]
cobra-de-água (f)	вотангар	[vɔtangar]
cascavel (f)	шов ден лаьхьа	[ʃɔv den læh]
anaconda (f)	анаконда	[anakɔnd]
lagarto (m)	моьлкъа	[mølqʔ]
iguana (f)	игуана	[ɪguan]
varano (m)	варан	[varan]
salamandra (f)	саламандра	[salamandr]
camaleão (m)	хамелион	[hamelɪɔn]
escorpião (m)	скорпион	[skɔrpɪɔn]
tartaruga (f)	уьнIапхьид	[ʉntʼaphɪd]
rã (f)	пхьид	[phɪd]
sapo (m)	бецан пхьид	[betsan phɪd]
crocodilo (m)	саьрмикъ	[særmɪqʔ]

183. Insetos

inseto (m)	сагалмат	[sagalmat]
borboleta (f)	полла	[pɔll]
formiga (f)	зингат	[zɪngat]
mosca (f)	моза	[mɔz]
mosquito (m)	чуьрк	[tʃʉrk]
escaravelho (m)	чхьаьвриг	[tʃhævrɪg]
vespa (f)	зIуга	[zʼug]
abelha (f)	накхармоза	[naqarmɔz]
mamangaba (f)	бумбари	[bumbarɪ]
moscardo (m)	тIод	[tʼɔd]
aranha (f)	гезг	[gezg]
teia (f) de aranha	гезгмаша	[gezgmaʃ]
libélula (f)	шайтIанан дин	[ʃajtʼanan dɪn]
gafanhoto (m)	цIаьпцалг	[tsʼæptsalg]
traça (f)	полла	[pɔll]
barata (f)	чхьаьвриг	[tʃhævrɪg]
carrapato (m)	веччалг	[wetʃalg]
pulga (f)	сагал	[sagal]
borrachudo (m)	пхьажбуург	[phaʒbuʼurg]
gafanhoto (m)	цIоз	[tsʼɔz]
caracol (m)	этмаьIиг	[ɛtmæʼɪg]

grilo (m)	цаьпцалг	[tsæptsalg]
pirilampo, vaga-lume (m)	бумбари	[bumbarı]
joaninha (f)	дедо	[dedɔ]
besouro (m)	бумбари	[bumbarı]
sanguessuga (f)	цӏубдар	[tsʼubdar]
lagarta (f)	нӏаьвцициг	[nʼævtsıtsıg]
minhoca (f)	нӏаьна	[nʼæn]
larva (f)	нӏаьна	[nʼæn]

184. Animais. Partes do corpo

bico (m)	зӏок	[zʼɔk]
asas (f pl)	тӏемаш	[tʼemaʃ]
pata (f)	ког	[kɔg]
plumagem (f)	мас ялар	[mas jalar]
pena, pluma (f)	пелаг	[pelag]
crista (f)	жима кӏужал	[ʒım kʼuʒal]
brânquias, guelras (f pl)	жӏараш	[ʒʼaraʃ]
ovas (f pl)	зирх	[zırh]
larva (f)	нӏаьвцициг	[nʼævtsıtsıg]
barbatana (f)	пелаг	[pelag]
escama (f)	пелаг	[pelag]
presa (f)	пхьарцерг	[phartserg]
pata (f)	тӏод	[tʼɔd]
focinho (m)	муцӏар	[mutsʼar]
boca (f)	бага	[bag]
cauda (f), rabo (m)	цӏога	[tsʼɔg]
bigodes (m pl)	мекхаш	[meqaʃ]
casco (m)	берг	[berg]
corno (m)	маӏа	[maʼ]
carapaça (f)	у	[u]
concha (f)	лахьорч	[lahɔrtʃ]
casca (f) de ovo	чкъуьйриг	[tʃqʔɥjrıg]
pelo (m)	тӏаргӏа	[tʼarɣ]
pele (f), couro (m)	цӏока	[tsʼɔk]

185. Animais. Habitats

hábitat (m)	дахаран хьал	[daharan hal]
migração (f)	миграци	[mıgratsı]
montanha (f)	лам	[lam]
recife (m)	риф	[rıf]
falésia (f)	тарх	[tarh]
floresta (f)	хьун	[hun]
selva (f)	джунглеш	[dʒungleʃ]

| savana (f) | саванна | [sɑvɑn] |
| tundra (f) | тундра | [tundr] |

estepe (f)	аре	[ɑre]
deserto (m)	гӏум-аре	[ɣum ɑre]
oásis (m)	оазис	[ɔɑzɪs]

mar (m)	хӏорд	[h'ɔrd]
lago (m)	Іам	['ɑm]
oceano (m)	хӏорд, океан	[h'ɔrd], [ɔkeɑn]

pântano (m)	уьшал	[ʉʃɑl]
de água doce	тезачу хин	[tezɑtʃu hɪn]
lagoa (f)	Іам	['ɑm]
rio (m)	доьду хи	[dødu hɪ]

toca (f) do urso	чен бен	[tʃen ben]
ninho (m)	бен	[ben]
buraco (m) de árvore	хара	[hɑr]
toca (f)	Іуьрг	['ʉrg]
formigueiro (m)	туьйлиг	[tʉjlɪg]

Flora

186. Árvores

árvore (f)	дитт	[dɪtt]
decídua (adj)	гӏаш долу	[ɣaʃ dɔlu]
conífera (adj)	баганан	[baganan]
perene (adj)	гуттар сийна	[guttar sɪːn]
macieira (f)	ӏаж	[ˈaʒ]
pereira (f)	кхор	[qɔr]
cerejeira, ginjeira (f)	балл	[ball]
ameixeira (f)	хьач	[hatʃ]
bétula (f)	дакх	[daq]
carvalho (m)	наж	[naʒ]
tília (f)	хьех	[heh]
choupo-tremedor (m)	мах	[mah]
bordo (m)	къахк	[qʔahk]
espruce (m)	база	[baz]
pinheiro (m)	зез	[zez]
alerce, lariço (m)	бага	[bag]
abeto (m)	пихта	[pɪht]
cedro (m)	кедр	[kedr]
choupo, álamo (m)	талл	[tall]
tramazeira (f)	датта	[datt]
salgueiro (m)	дак	[dak]
amieiro (m)	маъ	[maʔ]
faia (f)	поп	[pɔp]
ulmeiro, olmo (m)	муьшдечиг	[mʉʃdetʃɪg]
freixo (m)	къахьашту	[qʔahaʃtu]
castanheiro (m)	каштан	[kaʃtan]
magnólia (f)	магноли	[magnɔlɪ]
palmeira (f)	пальма	[paljm]
cipreste (m)	кипарис	[kɪparɪs]
mangue (m)	мангрови дитт	[mangrɔwɪ dɪtt]
embondeiro, baobá (m)	баобаб	[baɔbab]
eucalipto (m)	эквалипт	[ɛkvalɪpt]
sequoia (f)	секвойя	[sekvɔj]

187. Arbustos

arbusto (m)	колл	[kɔll]
arbusto (m), moita (f)	колл	[kɔll]

videira (f)	кемсаш	[kemsaʃ]
vinhedo (m)	кемсийн беш	[kemsɪːn beʃ]
framboeseira (f)	цӀен комар	[tsʼen kɔmar]
groselheira-vermelha (f)	цӀен кхезарш	[tsʼen qezarʃ]
groselheira (f) espinhosa	кӀудалгаш	[kʼudalgaʃ]
acácia (f)	акаци	[akatsɪ]
bérberis (f)	муьстарг	[mʉstarg]
jasmim (m)	жасмин	[ʒasmɪn]
junípero (m)	жӀолам	[ʒʼɔlam]
roseira (f)	розанийн кол	[rɔzanɪːn kɔl]
roseira (f) brava	хьармак	[harmak]

188. Cogumelos

cogumelo (m)	жӀаьлин нускал	[ʒʼælɪn nuskal]
cogumelo (m) comestível	даа мегаш долу жӀаьлин нускал	[daʼa megaʃ dɔlu ʒʼælɪn nuskal]
cogumelo (m) venenoso	дӀовше жӀаьлин нускал	[dʼɔvʃ ʒælɪn nuskal]
chapéu (m)	жӀаьлин нускалан корта	[ʒʼælɪn nuskalan kɔrt]
pé, caule (m)	жӀаьлин нускалан кога	[ʒʼælɪn nuskalan kɔg]
boleto, porcino (m)	кӀайн жӀаьлин нускал	[kʼajn ʒʼælɪn nuskal]
boleto (m) alaranjado	подосиновик	[pɔdɔsɪnɔwɪk]
boleto (m) de bétula	подберёзовик	[pɔdberʼɔzɔwɪk]
cantarelo (m)	лисичка	[lɪsɪtʃk]
rússula (f)	буьйдалг	[bʉjdalg]
morchella (f)	сморчок	[smɔrtʃɔk]
agário-das-moscas (m)	мухомор	[muhɔmɔr]
cicuta (f) verde	поганка	[pɔgank]

189. Frutos. Bagas

fruta (f)	стом	[stɔm]
frutas (f pl)	стоьмаш	[stømaʃ]
maçã (f)	Ӏаж	[ʼaʒ]
pera (f)	кхор	[qɔr]
ameixa (f)	хьач	[hatʃ]
morango (m)	цӀазам	[tsʼazam]
ginja, cereja (f)	балл	[ball]
uva (f)	кемсаш	[kemsaʃ]
framboesa (f)	цӀен комар	[tsʼen kɔmar]
groselha (f) negra	Ӏаьржа кхезарш	[ʼærʒ qezarʃ]
groselha (f) vermelha	цӀен кхезарш	[tsʼen qezarʃ]
groselha (f) espinhosa	кӀудалгаш	[kʼudalgaʃ]
oxicoco (m)	клюква	[klʉkv]
laranja (f)	апельсин	[apelʲsɪn]

tangerina (f)	мандарин	[mandarın]
abacaxi (m)	ананас	[ananas]
banana (f)	банан	[banan]
tâmara (f)	хурма	[hurm]

limão (m)	лимон	[lımɔn]
damasco (m)	туьрк	[tʉrk]
pêssego (m)	гIаммагIа	[ɣammaɣ]
quiuí (m)	киви	[kıwı]
toranja (f)	грейпфрут	[grejpfrut]

baga (f)	цIазам	[ts'azam]
bagas (f pl)	цIазамаш	[ts'azamaʃ]
arando (m) vermelho	брусника	[brusnık]
morango-silvestre (m)	пхьагал-цIазам	[phagal ts'azam]
mirtilo (m)	Iаьржа балл	['ærʒ ball]

190. Flores. Plantas

flor (f)	зезеаг	[zezeag]
buquê (m) de flores	курс	[kurs]

rosa (f)	роза	[rɔz]
tulipa (f)	алцIензIам	['alts'enz'am]
cravo (m)	гвоздика	[gvɔzdık]
gladíolo (m)	гладиолус	[gladıɔlus]

centáurea (f)	сендарг	[sendarg]
campainha (f)	тухтати	[tuhtatı]
dente-de-leão (m)	баппа	[bapp]
camomila (f)	кIайдарг	[k'ajdarg]

aloé (m)	алоэ	[alɔɛ]
cacto (m)	кактус	[kaktus]
fícus (m)	фикус	[fıkus]

lírio (m)	лили	[lılı]
gerânio (m)	герань	[geranj]
jacinto (m)	гиацинт	[gıatsınt]

mimosa (f)	мимоза	[mımɔz]
narciso (m)	нарцисс	[nartsıss]
capuchinha (f)	настурция	[nasturtsı]

orquídea (f)	орхидей	[ɔrhıdej]
peônia (f)	цIен лерг	[ts'en lerg]
violeta (f)	тобалкх	[tɔbalq]

amor-perfeito (m)	анютийн бIаьргаш	['anʉtıːn b'ærgaʃ]
não-me-esqueças (m)	незабудка	[nezabudk]
margarida (f)	маргаритка	[margarıtk]

papoula (f)	петIамат	[pet'amat]
cânhamo (m)	кIомал	[k'ɔmal]

hortelã, menta (f)	Іаждарбуц	['aʒdarbuts]
lírio-do-vale (m)	чІегІардиган кІа	[tʃ'eɣardɪgan k'a]
campânula-branca (f)	лайн зезаг	[lajn zezag]
urtiga (f)	нитташ	[nɪttaʃ]
azedinha (f)	муьстарг	[mʉstarg]
nenúfar (m)	кувшинка	[kuvʃɪnk]
samambaia (f)	чураш	[tʃuraʃ]
líquen (m)	корсам	[kɔrsam]
estufa (f)	оранжерей	[ɔranʒerej]
gramado (m)	бешмайда	[beʃmajd]
canteiro (m) de flores	хас	[has]
planta (f)	орамат	[ɔramat]
grama (f)	буц	[buts]
folha (f) de grama	бецан хелиг	[betsan helɪg]
folha (f)	гІа	[ɣa]
pétala (f)	жаз	[ʒaz]
talo (m)	гІодам	[ɣɔdam]
tubérculo (m)	орамстом	[ɔramstɔm]
broto, rebento (m)	зІийдиг	[z'ɪːdɪg]
espinho (m)	кІохцал	[k'ɔhtsal]
florescer (vi)	заза даккха	[zaz dakq]
murchar (vi)	маргІалдола	[marɣaldɔl]
cheiro (m)	хьожа	[hɔʒ]
cortar (flores)	дІахадо	[d'ahadɔ]
colher (uma flor)	схьадаккха	[shadakq]

191. Cereais, grãos

grão (m)	буьртиг	[bʉrtɪg]
cereais (plantas)	буьртиган ораматаш	[bʉrtɪgan ɔramataʃ]
espiga (f)	кан	[kan]
trigo (m)	кІа	[k'a]
centeio (m)	божан	[bɔʒan]
aveia (f)	сула	[sul]
painço (m)	борц	[bɔrts]
cevada (f)	мукх	[muq]
milho (m)	хьаьжкІа	[hæʒk']
arroz (m)	дуга	[dug]
trigo-sarraceno (m)	цІен дуга	[tsʼen dug]
ervilha (f)	кхоьш	[qøʃ]
feijão (m) roxo	кхоь	[qø]
soja (f)	кхоь	[qø]
lentilha (f)	хьоьзийн кхоьш	[høzɪːn qøʃ]
feijão (m)	кхоьш	[qøʃ]

GEOGRAFIA REGIONAL

Países. Nacionalidades

192. Política. Governo. Parte 1

política (f)	политика	[polɪtɪk]
político (adj)	политически	[polɪtɪtʃeskɪ]
político (m)	политик	[polɪtɪk]
estado (m)	пачхьалкх	[patʃhalq]
cidadão (m)	гражданин	[graʒdanɪn]
cidadania (f)	гражданалла	[graʒdanall]
brasão (m) de armas	къаьмнийн герб	[qʔæmnɪːn gerb]
hino (m) nacional	пачхьалкхан гимн	[patʃhalqan gɪmn]
governo (m)	правительство	[prawɪteljstvo]
Chefe (m) de Estado	мехкан куьйгалхо	[mehkan kɥjgalho]
parlamento (m)	парламент	[parlament]
partido (m)	парти	[partɪ]
capitalismo (m)	капитализм	[kapɪtalɪzm]
capitalista (adj)	капиталистийн	[kapɪtalɪstɪːn]
socialismo (m)	социализм	[sotsɪalɪzm]
socialista (adj)	социалистийн	[sotsɪalɪstɪːn]
comunismo (m)	коммунизм	[kommunɪzm]
comunista (adj)	коммунистически	[kommunɪstɪtʃeskɪ]
comunista (m)	коммунист	[kommunɪst]
democracia (f)	демократи	[demokratɪ]
democrata (m)	демократ	[demokrat]
democrático (adj)	демократийн	[demokratɪːn]
Partido (m) Democrático	демократийн парти	[demokratɪːn partɪ]
liberal (m)	либерал	[lɪberal]
liberal (adj)	либералийн	[lɪberalɪːn]
conservador (m)	консерватор	[konservator]
conservador (adj)	консервативни	[konservatɪvnɪ]
república (f)	республика	[respublɪk]
republicano (m)	республикахо	[respublɪkaho]
Partido (m) Republicano	республикански парти	[respublɪkanskɪ partɪ]
eleições (f pl)	харжамаш	[harʒamaʃ]
eleger (vt)	харжа	[harʒ]

eleitor (m)	харжамхо	[harʒamho]
campanha (f) eleitoral	харжамийн компани	[harʒamɪːn kɔmpanɪ]
votação (f)	кхаж тасар	[qaʒ tasar]
votar (vi)	кхаж таса	[qaʒ tas]
sufrágio (m)	бакъо	[baq?ɔ]
candidato (m)	кандидат	[kandɪdat]
candidatar-se (vi)	хоржуш хила	[horʒuʃ hɪl]
campanha (f)	компани	[kɔmpanɪ]
da oposição	оппозиционни	[ɔppɔzɪtsɪɔnɪ]
oposição (f)	оппозици	[ɔppɔzɪtsɪ]
visita (f)	визит	[wɪzɪt]
visita (f) oficial	леррина визит	[lerrɪn wɪzɪt]
internacional (adj)	гӀаланашна юккъера	[ɣalanaʃn jukq?er]
negociações (f pl)	дагадовлар	[dagadɔvlar]
negociar (vi)	дагабовла	[dagabɔvl]

193. Política. Governo. Parte 2

sociedade (f)	юкъаралла	[juq?arall]
constituição (f)	конституци	[kɔnstɪtutsɪ]
poder (ir para o ~)	ледал	['edal]
corrupção (f)	коррупци	[kɔrruptsɪ]
lei (f)	закон	[zakɔn]
legal (adj)	законехь	[zakɔneh]
justeza (f)	нийсо	[nɪːsɔ]
justo (adj)	нийса	[nɪːs]
comitê (m)	комитет	[kɔmɪtet]
projeto-lei (m)	законопроект	[zakɔnɔprɔekt]
orçamento (m)	бюджет	[bʉdʒet]
política (f)	политика	[pɔlɪtɪk]
reforma (f)	хийцар	[hɪːtsar]
radical (adj)	кӀоргтера	[k'ɔrgger]
força (f)	ницкъ	[nɪtsq?]
poderoso (adj)	чӀогӀа	[tʃ'ɔɣ]
partidário (m)	агӀонча	['aɣɔntʃ]
influência (f)	латкъар	['atq?ar]
regime (m)	дӀахӀоттам	[d'ahʔɔttam]
conflito (m)	конфликт	[kɔnflɪkt]
conspiração (f)	къайлаха барт	[q?ajlaha bart]
provocação (f)	питана	[pɪtan]
derrubar (vt)	дӀадакхха	[d'adakq]
derrube (m), queda (f)	дӀадакхар	[d'adakqar]
revolução (f)	революци	[revɔlʉtsɪ]

golpe (m) de Estado	хийцам бар	[hiːtsam bar]
golpe (m) militar	тӏеман хийцам бар	[tʼeman hiːtsam bar]
crise (f)	кризис	[krɪzɪs]
recessão (f) econômica	экономикин лахдалар	[ɛkɔnɔmɪkɪn lahdalar]
manifestante (m)	демонстрант	[dɛmɔnstrant]
manifestação (f)	демонстраци	[dɛmɔnstratsɪ]
lei (f) marcial	тӏеман хьал	[tʼeman hal]
base (f) militar	база	[baz]
estabilidade (f)	чӏоарла хилар	[tʃʼɔʼaɣ hɪlar]
estável (adj)	чӏоарӏделла	[tʃʼɔʼaɣdell]
exploração (f)	эксплуатаци	[ɛkspluatatsɪ]
explorar (vt)	дацо	[datsɔ]
racismo (m)	расизм	[rasɪzm]
racista (m)	расизмхо	[rasɪzmho]
fascismo (m)	фашизм	[faʃɪzm]
fascista (m)	фашизмхо	[faʃɪzmho]

194. Países. Diversos

estrangeiro (m)	арахьарниг	[araharnɪg]
estrangeiro (adj)	кхечу мехкан	[qetʃu mehkan]
no estrangeiro	дозанал дехьа	[dɔzanal deh]
emigrante (m)	эмигрант	[ɛmɪgrant]
emigração (f)	эмиграци	[ɛmɪgratsɪ]
emigrar (vi)	эмиграци ян	[ɛmɪgratsɪ jan]
Ocidente (m)	Малхбузе	[malhbuze]
Oriente (m)	Малхбале	[malhbale]
Extremo Oriente (m)	Гена-Малхбале	[gen malhbale]
civilização (f)	цивилизаци	[tsɪwɪlɪzatsɪ]
humanidade (f)	адамалла	[adamall]
mundo (m)	ӏалам	[ˈalam]
paz (f)	машар	[maʃar]
mundial (adj)	дуьненан	[dunenan]
pátria (f)	даймохк	[dajmɔhk]
povo (população)	халкъ	[halqʔ]
população (f)	бахархой	[baharhɔj]
gente (f)	нах	[nah]
nação (f)	къам	[qʔam]
geração (f)	тӏаьхье	[tʼæhe]
território (m)	латта	[latt]
região (f)	регион	[regɪɔn]
estado (m)	штат	[ʃtat]
tradição (f)	ламаст	[lamast]
costume (m)	ӏадат	[ˈadat]

ecologia (f)	экологи	[ɛkɔlɔgɪ]
índio (m)	индей	[ɪndej]
cigano (m)	цигон	[tsɪgɔn]
cigana (f)	цигон	[tsɪgɔn]
cigano (adj)	цигонийн	[tsɪgɔnɪːn]
império (m)	импери	[ɪmperɪ]
colônia (f)	колони	[kɔlɔnɪ]
escravidão (f)	лолла	[lɔll]
invasão (f)	тӏелатар	[tʼelatar]
fome (f)	мацалла	[matsall]

195. Grupos religiosos mais importantes. Confissões

religião (f)	дин	[dɪn]
religioso (adj)	динан	[dɪnan]
crença (f)	динах тешар	[dɪnah teʃar]
crer (vt)	теша	[teʃ]
crente (m)	делах тешарг	[delah teʃarg]
ateísmo (m)	атеизм	[ateɪzm]
ateu (m)	атеист	[ateɪst]
cristianismo (m)	керсталла	[kerstall]
cristão (m)	керста	[kerst]
cristão (adj)	керстанан	[kerstanan]
catolicismo (m)	Католизм	[katɔlɪzm]
católico (m)	католик	[katɔlɪk]
católico (adj)	католикийн	[katɔlɪkɪːn]
protestantismo (m)	Протестанство	[prɔtestanstvɔ]
Igreja (f) Protestante	Протестантийн килс	[prɔtestantɪːn kɪls]
protestante (m)	протестант	[prɔtestant]
ortodoxia (f)	Керста дин	[kerst dɪn]
Igreja (f) Ortodoxa	Керста килс	[kerst kɪls]
ortodoxo (m)	керстанан	[kerstanan]
presbiterianismo (m)	Пресвитерианство	[preswɪterɪanstvɔ]
Igreja (f) Presbiteriana	Пресвитерианийн килс	[preswɪterɪanɪːn kɪls]
presbiteriano (m)	пресвитерианин	[preswɪterɪanɪn]
luteranismo (m)	Лютерианийн килс	[lʉterɪanɪːn kɪls]
luterano (m)	лютерианин	[lʉterɪanɪn]
Igreja (f) Batista	Баптизм	[baptɪzm]
batista (m)	баптист	[baptɪst]
Igreja (f) Anglicana	Ингалсан килс	[ɪngalsan kɪls]
anglicano (m)	англиканин	[anglɪkanɪn]
mormonismo (m)	Мормонство	[mɔrmɔnstvɔ]
mórmon (m)	мормон	[mɔrmɔn]

Judaísmo (m)	Иудаизм	[ɪudaɪzm]
judeu (m)	жугти	[ʒugtɪ]
budismo (m)	Буддизм	[buddɪzm]
budista (m)	буддист	[buddɪst]
hinduísmo (m)	Индуизм	[ɪnduɪzm]
hindu (m)	индуист	[ɪnduɪst]
Islã (m)	Ислам	[ɪslam]
muçulmano (m)	бусалба	[busalb]
muçulmano (adj)	бусалбанийн	[busalbanɪ:n]
xiismo (m)	Шиизм	[ʃɪ:zm]
xiita (m)	шиизмхо	[ʃɪ:zmho]
sunismo (m)	Суннаталла	[sunnatall]
sunita (m)	суннатхо	[sunnatho]

196. Religiões. Padres

padre (m)	мозгӀап	[mɔzɣap]
Papa (m)	Римера папа	[rɪmer pap]
monge (m)	монах	[mɔnah]
freira (f)	монах	[mɔnah]
pastor (m)	пастор	[pastɔr]
abade (m)	аббат	[abbat]
vigário (m)	викари	[wɪkarɪ]
bispo (m)	епископ	[epɪskɔp]
cardeal (m)	кардинал	[kardɪnal]
pregador (m)	кхайкхорхо	[qajqɔrhɔ]
sermão (m)	кхайкхор	[qajqɔr]
paroquianos (pl)	килсе оьхурш	[kɪlse øhurʃ]
crente (m)	делах тешарг	[delah teʃarg]
ateu (m)	атеист	[ateɪst]

197. Fé. Cristianismo. Islão

Adão	Адам	[adam]
Eva	Хьава	[hav]
Deus (m)	Дела	[del]
Senhor (m)	АллахӀ	['allah']
Todo Poderoso (m)	Дела	[del]
pecado (m)	къа	[qʔa]
pecar (vi)	къинош лето	[qʔɪnoʃ letɔ]
pecador (m)	къинош дерг	[qʔɪnoʃ derg]

pecadora (f)	къинош дерг	[qʔɪnɔʃ derg]
inferno (m)	жоьжахати	[ʒøʒahatɪ]
paraíso (m)	ялсамани	[jalsamanɪ]
Jesus	Иисус	[ɪːsus]
Jesus Cristo	Ииисус Христос	[ɪːsus hrɪstɔs]
Espírito (m) Santo	Деза Са	[dez sa]
Salvador (m)	КӀелхьардаьккхинарг	[kʼelhardækqɪnarg]
Virgem Maria (f)	Іийса-пайхамаран нана	[ˈɪːs pajhamaran nan]
Diabo (m)	ШайтӀа	[ʃajtʼ]
diabólico (adj)	шайтӀан	[ʃajtʼan]
Satanás (m)	Йилбаз	[jɪlbaz]
satânico (adj)	йилбазан	[jɪlbazan]
anjo (m)	малик	[malɪk]
anjo (m) da guarda	малик-лардархо	[malɪk lardarhɔ]
angelical	маликан	[malɪkan]
apóstolo (m)	апостол	[apɔstɔl]
arcanjo (m)	архангел	[arhangel]
anticristo (m)	дажал	[daʒal]
Igreja (f)	Килс	[kɪls]
Bíblia (f)	Библи	[bɪblɪ]
bíblico (adj)	библин	[bɪblɪn]
Velho Testamento (m)	Къена Весет	[qʔen weset]
Novo Testamento (m)	Керла Весет	[kerl weset]
Evangelho (m)	Инжил	[ɪnʒɪl]
Sagradas Escrituras (f pl)	Жайна	[ʒajn]
Céu (sete céus)	Стигал, Стигалан Паччахьалла	[stɪgal], [stɪgalan patʃahall]
mandamento (m)	весет	[weset]
profeta (m)	пайхмар	[pajhmar]
profecia (f)	пайхмаралла	[pajhmarall]
Alá (m)	АллахӀ	[ˈallahʼ]
Maomé (m)	Мухьаммад	[muhammad]
Alcorão (m)	КъорӀан	[qʔorʼan]
mesquita (f)	маьждиг	[mæʒdɪg]
mulá (m)	молла	[mɔll]
oração (f)	ламаз	[lamaz]
rezar, orar (vi)	ламаз дан	[lamaz dan]
peregrinação (f)	ХьаьжцӀа вахар	[hæʒtsʼ vahar]
peregrino (m)	хьаьжа	[hæʒ]
Meca (f)	Макка	[makk]
igreja (f)	килс	[kɪls]
templo (m)	зиярат	[zɪjarat]
catedral (f)	килс	[kɪls]
gótico (adj)	готически	[gɔtɪtʃeskɪ]

sinagoga (f)	синагога	[sɪnagɔg]
mesquita (f)	маьждиг	[mæʒdɪg]

capela (f)	килс	[kɪls]
abadia (f)	аббатство	[abbatstvɔ]
convento (m)	монастырь	[mɔnastɪrʲ]
monastério (m)	монастырь	[mɔnastɪrʲ]

sino (m)	горгал	[gɔrgal]
campanário (m)	мамсар	[mamsar]
repicar (vi)	детта	[dett]

cruz (f)	жӀара	[ʒ'ar]
cúpula (f)	бохь	[bɔh]
ícone (m)	икона	[ɪkɔn]

alma (f)	са	[s]
destino (m)	кхел	[qel]
mal (m)	вон	[vɔn]
bem (m)	диканиг	[dɪkanɪg]

vampiro (m)	убар	[ubar]
bruxa (f)	гӀам	[ɣam]
demônio (m)	йилбаз	[jɪlbaz]
espírito (m)	са	[s]

redenção (f)	къинойх цӀандалар	[q?ɪnɔjh ts'andalar]
redimir (vt)	цӀандала	[ts'andal]

missa (f)	гӀуллакх	[ɣullaq]
celebrar a missa	гӀуллакх дан	[ɣullaq dan]
confissão (f)	дохковалар	[dɔhkɔvalar]
confessar-se (vr)	дохкодала	[dɔhkɔdal]

santo (m)	эвлаяъ	[ɛvlaja?]
sagrado (adj)	деза	[dez]
água (f) benta	деза хи	[dez hɪ]

ritual (m)	Ӏадат	['adat]
ritual (adj)	Ӏадатан	['adatan]
sacrifício (m)	сагӀа даккхар	[saɣ dakqar]

superstição (f)	доьгӀначух тешар	[døɣnatʃuh teʃar]
supersticioso (adj)	доьгӀначух теша	[døɣnatʃuh teʃ]
vida (f) após a morte	эхартара дахар	[ɛhartar dahar]
vida (f) eterna	даим дахар	[daɪm dahar]

TEMAS DIVERSOS

198. Várias palavras úteis

ajuda (f)	гlо	[ɣɔ]
barreira (f)	дуьхьало	[dᴜhalɔ]
base (f)	лард	[lard]
categoria (f)	категори	[kategɔrɪ]
causa (f)	бахьана	[bahan]
coincidência (f)	нисдалар	[nɪsdalar]
coisa (f)	хlума	[h'um]
começo, início (m)	юьхь	[juh]
cômodo (ex. poltrona ~a)	бегlийла	[beɣɪ:l]
comparação (f)	дустар	[dustar]
compensação (f)	меттахlоттор	[mettah'ɔttɔr]
crescimento (m)	дегl даккхар	[deɣ dakqar]
desenvolvimento (m)	кхиам	[qɪam]
diferença (f)	башхалла	[baʃhall]
efeito (m)	эффект	[ɛf:ekt]
elemento (m)	элемент	[ɛlement]
equilíbrio (m)	баланс	[balans]
erro (m)	гlалат	[ɣalat]
esforço (m)	гlора	[ɣɔr]
estilo (m)	стиль	[stɪlj]
exemplo (m)	масал	[masal]
fato (m)	хилларг	[hɪllarg]
fim (m)	чаккхе	[ʧakqe]
forma (f)	форма	[fɔrm]
frequente (adj)	кест-кеста	[kest kest]
fundo (ex. ~ verde)	фон	[fɔn]
gênero (tipo)	тайпа	[tajp]
grau (m)	дарж	[darʒ]
ideal (m)	идеал	[ɪdeal]
labirinto (m)	лабиринт	[labɪrɪnt]
modo (m)	кеп	[kep]
momento (m)	юкъ	[juq?]
objeto (m)	хlума	[h'um]
obstáculo (m)	новкъарло	[nɔvq?arlɔ]
original (m)	оригинал	[ɔrɪgɪnal]
padrão (adj)	стандартан	[standartan]
padrão (m)	стандарт	[standart]
paragem (pausa)	садалар	[sada'ar]
parte (f)	дакъа	[daq?]

partícula (f)	дакъалг	[daqʔalg]
pausa (f)	сацангӏа	[satsanɣ]
posição (f)	хьал	[hal]
princípio (m)	принцип	[prɪntsɪp]

problema (m)	проблема	[prɔblem]
processo (m)	процесс	[prɔtsess]
progresso (m)	прогресс	[prɔgress]
propriedade (qualidade)	башхало	[baʃhalɔ]

reação (f)	реакци	[reaktsɪ]
risco (m)	кхерам	[qeram]
ritmo (m)	болар	[bɔlar]
segredo (m)	къайле	[qʔajle]
série (f)	сери	[serɪ]

sistema (m)	къепе	[qʔepe]
situação (f)	хьал	[hal]
solução (f)	дар	[dar]
tabela (f)	таблица	[tablɪts]
termo (ex. ~ técnico)	термин	[termɪn]

tipo (m)	тайпа	[tajp]
urgente (adj)	сиха	[sɪh]
urgentemente	чехка	[tʃehk]
utilidade (f)	пайда	[pajd]

variante (f)	вариант	[varɪant]
variedade (f)	харжар	[harʒar]
verdade (f)	бакъдерг	[baqʔderg]
vez (f)	parl	[raɣ]
zona (f)	зона	[zɔn]

www.ingramcontent.com/pod-product-compliance
Lightning Source LLC
Chambersburg PA
CBHW071954100426
42738CB00043B/2952